Jeroen van Rooijen
Carla, Grace oder Kate?

Jeroen van Rooijen

Carla, Grace
oder
Kate?

Stil-Ikonen und was Frau von ihnen lernen kann

Eine Gebrauchsanweisung für die Dame von heute

orell füssli Verlag AG

Umschlag- und Inhaltsillustrationen: Jeroen van Rooijen
Umschlaggestaltung: Andreas Zollinger, Zürich
Druck: fgb • freiburger graphische betriebe, Freiburg

ISBN 978-3-280-05319-5

———

Bibliografische Information der Deutschen Bibliothek:
Die Deutsche Bibliothek verzeichnet diese Publikation in der Deutschen Nationalbibliografie; detaillierte bibliografische Daten sind im Internet über http://dnb.d-nb.de abrufbar.

Mix
Produktgruppe aus vorbildlich
bewirtschafteten Wäldern, kontrollierten
Herkünften und Recyclingholz oder -fasern
www.fsc.org Zert.-Nr. SGS-COC-003993
© 1996 Forest Stewardship Council

Inhalt

Vorwort

Mode ist wichtig und gibt Spielraum zwischen Nachahmung und Differenzierung, Uniformität und Individualität. Die Absicht, der Mode keine Beachtung zu schenken, scheitert bereits am Morgen beim Ankleiden. Denn jede Erscheinung – ob undefiniert, modern, hipp, klassisch, belanglos oder elegant – ist täglich eine klare Aussage zur eigenen Person.

Das Wichtigste ist die Persönlichkeit der Frau. Nicht das Kleid definiert die Frau, sondern die Frau unterstreicht mit dem Kleid ihre Persönlichkeit und ihre Ausstrahlung. Dabei geht es um Authentizität und Glaubwürdigkeit.

Die Frau von heute ist selbstbewusst. Eine Entwicklung, die sich automatisch auf die Kleidung ausgewirkt hat. Früher war es ein Dogma, dass selbstbewusste Frauen ihre Weiblichkeit hinter männlicher, vermeintlich autoritärer Kleidung verborgen hielten. Heute stehen auch Frauen in Führungspositionen zu ihrer Weiblichkeit, weil sie mindestens so viel Kraft und Potenzial zum Ausdruck bringt wie männliche Attribute. Frauen mit Charakter und Ausstrahlung brauchen sich nicht zu verkleiden oder zu dekorieren, sie wollen einfach gut gekleidet sein. Moderne Accessoires, passende Schuhe und Taschen unterstreichen ihre Erscheinung.

Ein unkomplizierter Look, der in jeder Situation sitzt und bequem ist, unterstützt sie in ihrer Tätigkeit und vereinfacht ihren Alltag. Inszenierte Mode verliert ihre Modernität allein durch die Tatsache, dass sie kompliziert ist. Sich in seinen Kleidern wohl zu fühlen, ist eine Kombination aus Stoff, Farbe, Schnitt und Proportion.

Kleider tragen wir auf der Haut. Die Empfindung und Aufmerksamkeit, die sie auslösen, ist ein entscheidender Faktor, ob wir uns wohl fühlen. Wie sich ein Stoff anfühlt und für das tägliche Leben eignet, ist die Grundlage – in meinem Fall Bedingung – für eine positive Wahrnehmung.

In der Mode gibt Sensibilität unter anderem den Ansprüchen und Bedürfnissen Resonanz, die sich aus der Realität des täglichen Lebens ergeben. Nicht nur für besondere Anlässe, sondern auch für einen Business-Alltag, der stark von der Mobilität unserer Zeit geprägt ist. Oder für Reisen und Wochenenden, an denen genauso eine Kombination von Klasse, Raffinesse und Bequemlichkeit gefragt ist.

Die Sensibilität der Frau besteht darin, nicht nur zu sehen, sondern auch zu fühlen, was mit ihren Kleidern gemeint ist. Denn das ist ein versteckter Wert, den nur sie persönlich wahrnehmen kann und der gleichzeitig Teil ihrer Ausstrahlung ist. Er ist nicht demonstrativ, nicht oberflächlich. Stets soll es aber um den Respekt der Frau und ihrer Weiblichkeit gehen.

Mode ist viel mehr als nur ein Kleidungsstück. Sie steht für Lebenshaltung und Zeitgeist. Sie ist Teil unseres Lebensstils und begleitet uns durch alle Situationen im Alltag.

Jeroen van Rooijen schafft mit seinem Buch eine anregende Anleitung im ausgedehnten Feld der Mode. Er charakterisiert mit profunder Kenntnis die Stil-Ikonen und prägenden Kreativen unserer Zeit. In einer Sprache, die mit Ironie kommentiert und gleichzeitig hohe Professionalität ausdrückt. Ohne mit erhobenem Zeigfinger zu bewerten, analysiert Jeroen van Rooijen mit grosser Stilsicherheit die Vor- und Nachteile von Trends, unterscheidet Wichtiges von Unwichtigem und unterstützt Sie bei der Formulierung eines wichtigen Teils Ihrer eigenen Erscheinung.

Mode ist kein Diktat mehr. Im Gegenteil: Mit all den unterschiedlichen Richtungen, die von Designern geschaffen werden, bekommen Sie die Möglichkeit, auszuwählen und sich Ihrer Persönlichkeit entsprechend zu kleiden. Vertrauen Sie Ihren Gefühlen und Empfindungen und stehen Sie zu Ihrer Individualität.

Albert Kriemler
Designer Akris

Herbst 2008

Einleitung

Carla? Ja genau, Sie wissen schon: Die hübsche Gattin des «Monsieur le Président», die meinen wir. Nicht die andere Carla, die von der Brücke (Del Ponte), die zwar einst weltberühmte Verbrecher fing, aber vor dem Stilgericht keinen noch so kleinen Prozess für sich entscheiden würde. Dafür hat Carla Bruni-Sarkozy die Gunst der Stil-Richter auf ihrer Seite. Seit ihrer Verbindung mit dem französischen Staatspräsidenten hat das Ex-Model derart an Format und Ausstrahlung zugelegt, dass der Kleinwüchsige an der Seite dieser neuen Stil-Ikone fast zu bedauern ist.

Und wer ist Grace? Natürlich Grace Kelly, einstige Hollywood-Diva und Frau an der Seite des monegassischen Fürsten Rainier. Es kann sein, dass die jüngere Generation diese Stil-Kaiserin schon kaum mehr kennt, aber bis die Neuen, also Carla, Michelle oder Nicole, an ihr Format herankommen, wird noch so mancher Jahrgang von «Bunte», «Gala», «In Style» oder «Hello!» erscheinen mussen.

Schliesslich Kate – das britische Topmodel und Stil-Vorbild der jungen Generation, dessen exemplarischer Lebensstil zeigt, dass zum Wesen eines Stil-Vorbildes heute auch der regelmässige Bruch mit Stil, Anstand und gutem Benehmen gehört: Kate Moss ist wirklich cool – trotz der gut dokumentierten Entgleisungen mit nicht ganz legalen Substanzen, trotz ihrer On/Off-Beziehung zu einem von Englands unbegreiflichsten Rockmusikern, Pete Doherty.

Wir wissen heute (fast) alles Mögliche und Unmögliche über das Leben, das Lieben und die Vorlieben dieser Stars. Ist es aber nicht eigenartig, dass die Menschen hingegen nicht mehr wissen, wie die Sache mit dem Anziehen in der eigenen Praxis funktioniert? Wir können in Schule und Universität alles lernen – über das Weltall, die Nanotechnologie, Mikrobiologie oder die graue Vorzeit unseres Daseins –, wir können ein Dutzend Klatschblätter abonniert haben, aber nirgends und von niemandem wird einem erzählt, wie man sich der Mode bedient. Die Mode ist einfach da, in fürchterlichem Überfluss sogar, und die Menschen sind ihr hilflos ausgeliefert.

Dabei ist die Mode keine komplexere oder einfachere Wissenschaft als andere. Sie ist auch nicht unschärfer – es gibt keine absolute, reine Wahrheit oder allein gültige Richtung mehr, sondern ein friedliches, sich manchmal positiv beeinflussendes Nebeneinander der Stile und Überzeugungen.

Die japanischen Designer haben in den achtziger Jahren die Franzosen nicht verdrängt, sondern die Modewelt um ein paar spannende Facetten erweitert. Und als in den neunziger Jahren die Belgier kamen, war nicht plötzlich Schluss mit dem asiatischen Einfluss in der Mode. Valentino und Armani mögen aus Sicht von Avantgardisten nicht mehr die innovativste Mode machen – dennoch finden auch sie noch immer mehr als genügend Anhänger, die sich eben nicht zum ästhetischen Experiment, sondern zu bewährten Vorstellungen von Eleganz hingezogen fühlen.

In diesem Kontext ist es gar nicht mehr möglich, sich der Mode zu entziehen. Auch der, der sich ihr verweigert, macht damit eine bewusste Stil-Aussage, die heute genauso gelesen und interpretiert wird wie das modische Bemühen des eitelsten Pfaus. Auch die Punkbewegung war eine über textile Signale transportierte Weltanschauung, überdies eine mit einem rasch erreichten modischen Verfallsdatum.

Mode ist die universellste Sprache der Menschheit. Jeder kann sie verstehen, wenn man sich auch nur ein wenig damit auseinandersetzt. Bekleidung ist ein Vokabular, das über Sprachgrenzen hinaus funktioniert und erst am Rand von Kulturräumen an seine Grenzen stösst. Ein Franzose wird einen gut komponierten Look genauso wertschätzen wie ein Schwede oder ein Italiener, auch wenn er das fremde Idiom seines Gegenübers nicht versteht.

Die Garderobe ist der öffentlichste und direkteste Weg, sich auszudrücken und der Welt mitzuteilen, wer man ist – oder sein will. Deshalb ist Aus- und Weiterbildung darin für beruflichen wie privaten Erfolg von essenzieller Wichtigkeit.

Setzen Sie die Macht dieses Mediums also bewusst ein. Und lassen Sie zu diesem Bewusstsein auch eine gute Portion Bauchgefühl walten. Hören Sie auf Ihre Intuition und schauen Sie sich im Spiegel an. Es gibt keine bessere Art, sich selbst kennen zu lernen. Den Rest dazu lernen Sie dann auf den nun folgenden Seiten.

Jeroen van Rooijen

Stil oder Mode?

«Damenmode! Du grässliches Kapitel Kulturgeschichte!», beginnt der Modernist Adolf Loos (1870–1933) sein Werk «Warum ein Mann gut angezogen sein soll», und fährt fort: «Du erzählst der Menschheit geheime Lüste. Wenn man in deinen Seiten blättert, erbebt die Seele angesichts der fürchterlichen Verirrungen und unerhörten Laster.» Eine etwas gar krasse Sicht der Dinge, gewiss.

Herrn Loos würde heute ja glatt der Schlag treffen, wenn er sähe, was aus der Mode in den letzten hundert Jahren noch geworden ist. Ausserdem scheint sich der Architekt und Stilkritiker doch erheblich besser mit Männer- als mit Damenmode ausgekannt zu haben, wie der Buchtitel schon nahelegt. Und so ganz von heute ist das, was er 1898 niederschrieb, ja nun auch nicht mehr, wenn es etwa heisst: «Das Weib ist daher gezwungen, durch ihre Kleidung an die Sinnlichkeit des Mannes zu appellieren, unbewusst an seine krankhafte Sinnlichkeit.»

Aber auch 111 Jahre nach Loos' Traktat sei die Frage erlaubt, welcher Typ nun besser ist: ein exaltierter Modefreak oder ein in Sachen Mode sehr klassischer, zurückhaltender Mensch? Die Antwort lautet: keiner von beiden. Denn beide Typen sind Extreme und orientieren sich an falschen Glaubenssätzen – der Modefreak in seiner stürmischen und unreflektierten Liebe zu jedem neuen Auswuchs der Lifestyle-Industrie, das unscheinbare Wesen in seiner zaghaften Ablehnung all dessen.

Tatsache ist allerdings, dass man letztlich vielleicht fünf Prozent des weltweiten Überangebots an Mode wirklich auch braucht, um gut auszusehen – der ganze Rest ist unnötiger Tand und Fummel; dazu bestimmt, rasch den Weg aller Dinge zu gehen, nämlich jenen auf den Müllhaufen der Geschichte.

Wie in vielen Dingen des Lebens ist also auch in der Mode das richtige Augenmass vonnöten. Und natürlich muss man die Dinge erst einmal verstehen, bevor man sie lieben oder hassen kann. Dies muss nicht mit Skepsis geschehen, aber vielleicht mit so etwas wie einer gut dosierten Neugier. Alles Neue muss sich erst einmal an Bewährtem messen.

Schauen Sie sich deshalb gut an, wie unendlich raffiniert und schwierig das Einfache und Klassische manchmal ist. Stilvolle Eleganz ist nie nur zurückhaltend oder langweilig, sondern kunstvoll komponiert. Auf der anderen Seite sind die verrücktesten Looks vom Laufsteg auf der Strasse manchmal nur noch lächerlich oder peinlich. Es gibt also gute Gründe, sich mit der Tradition der Mode genauso zu befassen wie mit den wechselnden Winden des Zeitgeistes.

Miuccia Prada, eine der angesagtesten Designerinnen der letzten zwanzig Jahre, sagte einst, dass Frauen nicht auf Dresscodes achten, sondern «instinktiv die Kleider aus ihrem Schrank ziehen» sollten. Das mag für sie selbst stimmen und funktionieren. Aber wer vielleicht nicht jeden Tag mit Mode zu tun hat und deshalb etwas weniger versiert als die gute Frau Prada ist, der ist mit etwas Systematik sicher besser beraten. Das Wichtigste aber ist, «zu wissen, was einen schöner macht, und immer darauf zu achten, dass man ein besonderes Merkmal hat», so die charismatische Chefredaktorin der französischen «Vogue», Carine Roitfeld. «Denn es geht nicht darum, schön auszusehen, sondern sich selbst schön zu fühlen.»

«Mode ist dafür gemacht, aus der Mode zu kommen.» – Gabrielle «Coco» Chanel

Realität versus Traumwelt

Hochglanzheftchen sind oft wie Fastfood; man erlebt sie intensiv, und sie machen schnell satt. Nach allzu häufigem Genuss werden die Defizite evident: Die Hochglanz-Magazine der Jetztzeit berichten fast nur noch in arg verzerrender Weise über Mode. So werden von der «Celebrity-Presse» prominente Persönlichkeiten aus dem erweiterten Einzugsgebiet von Los Angeles am liebsten dann fotografiert, wenn sie in Trainingshosen, ungebügelten T-Shirts und mit grossen Sonnenbrillen aus dem Haus huschen, um bei Starbucks einen Kaffee zu holen. Daraus werden dann auf wundersame, unfreiwillig komische Weise die neuen Stil-Vorbilder.

Das heisst: Es gibt mehr über Mode berichtende Medien denn je – aber immer weniger Service, geschweige denn eine «Gebrauchsanleitung» zur Mode. Viele dieser Publikationen haben sich von einer realitätsnahen, also nachvollziehbaren Darstellung der Mode längst verabschiedet. Hier wird Mode als fiebertraumartige Über-Realität inszeniert. Das Model wird mit allen Tricks der Bildbearbeitung idealisiert und nötigenfalls lang gestreckt. Das ist nicht per se verwerflich, sondern durchaus ästhetisch und inspirierend – nur eben darf man solche Darstellungen nicht mit einer brauchbaren Empfehlung zur Garderobenplanung verwechseln. Der Konsument muss abstrahieren, das Gesehene fragmentieren und im Kopf zu seiner eigenen Wahrheit neu zusammenbauen.

Die mit schöner Regelmässigkeit vorgetragene Kritik an der Präsentation extrem schlanker Models in ausgefallenen Roben zielt aber in die falsche Richtung. Denn Mode und ihre Inszenierung sind eine Kunst für sich. Ihre Aufgabe ist es, die Dinge zu dramatisieren und zuzuspitzen, sie mit Übertreibungen wirksam werden zu lassen. Das ist auch kein neues Phänomen, sondern war zu allen Zeiten schon so: Jedes Zeitalter und jede Kultur hatte oder hat seine eigenen Formen der überzeichneten, idealisierten Darstellung. Darum wird nur der, der die Models und Modemagazine nicht als idealisierte Traumwelten versteht, sondern sie für bare Münze hält und ihren Vorgaben nacheifert, ins Unglück stürzen. Alle anderen werden sie als Quelle für eigene Ideen schätzen – oder auch belächeln.

Stil-Ikonen

Wer die grossen Stil-Vorbilder des letzten Jahrhunderts studiert, der wird rasch feststellen, dass sie sich meistens durch eine raffinierte Kombination aus zeitloser Eleganz und modischem Sachverstand hervorgetan haben - anders als die manchmal nur von Designern und Stylisten «trendy» angezogenen Leitfiguren neuerer Zeit. Daran erkennt man, was neben Charisma von grösster Bedeutung ist: eine eigene Meinung. Erst der, der sich für «seinen» Look entschieden hat und damit im Reinen ist, wird glaubwürdig und vorbildlich.

Die Frage, welche Frauen denn nun die grössten Stil-Vorbilder aller Zeiten sind, lässt sich nicht absolut beantworten - schliesslich gibt es in der Mode noch immer keine verbindliche Skala, die den Einflussfaktor von Prominenten aufs Komma genau misst. Jedoch gibt es eine Fülle von Erhebungen unterschiedlichster Medien, die alle dieser Frage nachgegangen sind.

Die Hitlisten

Da gibt es etwa die Leserinnen der britischen Frauenzeit-
schrift «New Woman», die vor kurzem in einer grossen
Umfrage die «glamourösesten Stars aller Zeiten» wähl-
ten. Den Spitzenplatz belegte in dieser Umfrage Audrey
Hepburn, gefolgt von Hollywood-Ikone Grace Kelly. Platz
drei belegte bei den Briten nicht etwa Kate Moss, sondern
das amerikanische Supermodel Cindy Crawford. Helen
Johnston, Chefredaktorin der «New Woman», erklärte die
Aufnahmekriterien in die Liste der Säulenheiligen in Sachen Glamour wie folgt: «Sie besitzen alle diese klassische,
zeitlose Schönheit – und sie wissen, wie sie diese einset-
zen müssen.»

Die komplette Liste von «New Woman»:
 1. Audrey Hepburn
 2. Grace Kelly
 3. Cindy Crawford
 4. Sophia Loren
 5. Marilyn Monroe
 6. Angelina Jolie
 7. Catherine Zeta-Jones
 8. Prinzessin Diana
 9. Halle Berry
10. Scarlett Johansson
11. Kate Moss
12. Liz Taylor
13. Cameron Diaz

14. Vivien Leigh
15. Charlize Theron
16. Nicole Kidman
17. Claudia Schiffer
18. Rita Hayworth
19. Ingrid Bergman
20. Julie Christie

Die Spitzenposition für Audrey Hepburn ist keine Überraschung: Schon seit Jahrzehnten führt die Schauspielerin, welche sich 1961 mit ihrer Rolle als Holly Golightly in «Breakfast at Tiffany's» unsterblich gemacht hat, die Hitlisten der weiblichen Vorbilder an. Auch Grace Kelly ist immer in den Top Five zu finden. Seltsam mutet aber die Besetzung des dritten Platzes an, ist doch die Amerikanerin Cindy Crawford zwar eines der bekanntesten Supermodels der neunziger Jahre, hat sich aber als Privatperson nie durch besonders grossartige Garderobe hervorgetan. Auch die Berühmtheiten auf Platz sechs, Angelina Jolie, und Platz dreizehn, Cameron Diaz, sind nicht Stil-Ikonen im eigentlichen Sinne, sondern vorderhand einfach zeitgenössische Celebrities. Allerdings erkundigte sich «New Woman» ja auch nicht nach dem besten Stil oder Outfit, sondern recht unverbindlich nach der Allerweltsqualität «Glamour».

Apropos «Glamour»: Auch die Online-Ausgabe des gleichnamigen Magazins fragte 2008 ihre Userinnen nach den elegantesten Frauen unserer Zeit. Es ging also nicht um «ewige Ikonen», sondern um die Celebrities, die derzeit die Gazetten beherrschen. Die Abstimmung auf glamour.com ergab einen sicheren Platz eins für Angelina Jolie, gefolgt von Cate Blanchett und Halle Berry. Schon bei Platz vier beschleichen einen aber heftige Zweifel an der Zielsicherheit dieser Userinnen-Umfrage, denn da begegnet einem doch tatsächlich Gwen Stefani, bekannt als Fashion-Victim, und auf Platz dreizehn die singende Praline Beyoncé Knowles.

Wenn es denn überhaupt eine Liste gibt, die in der Welt der Schönen und Begehrenswerten so etwas wie absolute Gültigkeit hat, dann ist es wohl die «Best-Dressed List» der amerikanischen «Vanity Fair», die 1940 erstmals von der Modejournalistin Eleanor Lambert publiziert worden ist. Seit deren Tod im Jahre 2003 wird sie von «Vanity Fair» jährlich neu herausgegeben.

Lambert wollte mit ihrer Liste damals das amerikanische Bewusstsein für Eleganz und Mode fördern und US-Designern eine öffentlichkeitswirksame Plattform bieten. Tatsächlich war die Liste jahrzehntelang ein zuverlässiger Gradmesser für die Glamour-Relevanz der internationalen Society-Damen. Bekanntere Namen, die mehrfach einen Platz auf der Liste erklommen haben, sind etwa Coco Chanel, Jacqueline Kennedy-Onassis, Grace Kelly, Audrey Hepburn, Prinzessin Caroline von Monaco, Mona von Bismarck, Babe Paley, Bianca Jagger, Tina Turner, Sophia Loren oder Iman Bowie. Ein schönes Panoptikum über die «Liste» bietet das 2004 bei Assouline erschienene Buch «Ultimate Style» von Bettina Zilkha mit einem Vorwort der «Listen»-Gründerin Eleanor Lambert.

Allerdings wird die «Best-Dressed List» der «Vanity Fair» nicht als Rangliste, sondern in verschiedenen Kategorien geführt. Da gibt es neben den naheliegenden Kategorien «Frauen» und «Männer» auch Kategorien wie «Paare», «Modeprofis» oder die «Hall of Fame».

2008 wählte «Vanity Fair», die jährlich Wahlzettel an verschiedene Mode-Insider verschickt und selbst parteilos als «Wahlbehörde» amtet, die Schauspielerin Helen Mirren («The Queen») zu einer der am besten gekleideten Frauen des Jahres. Auch hier wird die im Jahr 2008 hochschwangere Angelina Jolie genannt, aber auch die belgische Prinzessin Mathilde. Neo-Stil-Ikone Carla Bruni-Sarkozy schaffte es in ihrem ersten Jahr als Präsidentengattin ebenso in die Liste wie Michelle Obama, die Frau des neu gewählten US-Präsidenten. Amy Fine Collins, Korrespondentin von «Vanity Fair», liess sich zu der Wahl von Michelle Obama wie folgt zitieren: «Michelle Obama spricht die moderne Frau an. Sie sieht wie eine richtige Frau aus Fleisch und Blut aus, nur noch besser. Ihr reduzierter Stil ist gekonnt und fein dosiert.» Weiter mit von der Partie in der 69. «Best-Dressed List» sind: Ivanka Trump, Kate Middleton (Prinz Williams Freundin), Sarah Jessica Parker, Tilda Swinton oder Iris Apfel. In die «Hall of Fame» aufgenommen wurde 2008 die Essayistin Fran Lebowitz.

Im Jahr davor hatte noch die singende und schauspielernde Französin Charlotte Gainsbourg die 68. «offizielle» Liste der bestgekleideten Frauen angeführt. Ihr auf den Fersen waren breiteren Bevölkerungskreisen weitgehend unbekannte Damen wie Prinzessin Alexandra von Griechenland, Marjorie Gubelmann oder Prinzessin Mafalda von Hessen.

Neben der «offiziellen» Liste von «Vanity Fair» gibt es zahllose weitere Erhebungen. Wie man aber auch fragt: Man kommt heute kaum um die «Hollywood-Babes» aus den bunten Gazetten herum.

Eine der sicherlich amüsantesten «Listen» ist die des Modekritikers Richard Blackwell. Er hat die Antithese zur «Best-Dressed List» entwickelt und weiss mit seiner Hitparade der am schrecklichsten angezogenen Frauen auch jedes Jahr die Spalten in den «Vermischten Meldungen» zu füllen. Im Jahr 2008 gab Blackwell bereits seine 48. Liste heraus. Angeführt wird die Hitliste der Mode-Monstrositäten diesmal von Ex-Spice-Girl und Fussballergattin Victoria «Posh» Beckham. Aber auch Rock-Wrack Amy Winehouse bekam bei Blackwell ihr Fett weg: Der «Bad Boy» unter den Stil-Richtern nannte die Sängerin «eine Horrorfantasie mit einer explodierenden Bienenstockfrisur im Stil der Fifties».

Blackwells neuste Liste der am schlechtesten angezogenen Frauen:

1. Victoria Beckham
2. Amy Winehouse
3. Mary Kate Olsen
4. Sarah «Fergie» Ferguson
5. Kelly Clarkson
6. Eva Green
7. Avril Lavigne
8. Jessica Simpson
9. Lindsay Lohan
10. Alison Arngrim

Ein regelmässiger Gast aber auf Blackwells jüngster Hitliste der Mode-Entgleisungen fehlte: Britney Spears, welche in den Jahren zuvor stets die Top-Notierung innehatte. Blackwell hatte das aus der Rolle gefallene Pop-Sternchen absichtlich geschont: «Ich hatte das Gefühl, dass ein Kommentar zu ihrer

Garderobe unangemessen sei, wenn ihr ganzes restliches Leben schon in Scherben liegt», liess Blackwell gnädig verlauten. Auch Camilla Parker-Bowles, die im Vorjahr noch Platz zwei hinter Britney belegte, wurde im Folgejahr von Blackwell grosszügig verschont. Überhaupt scheint Mister Blackwell eine Art ironische Altersmilde ereilt zu haben, wenn er sagt: «Es muss immer daran gedacht werden, dass sich meine Kritik nur an das modische Versagen dieser Personen richtet – ich bin mir sicher, dass sie unter der Flutwelle von Mist, die sie am Leib tragen, allesamt wunderbare Menschen sind.»

Eine deutsche Entsprechung zu Blackwells Liste gibt es übrigens auch, es ist die Aufzählung der «ungeilsten Frauen der Welt» des Männermagazins (nicht: Herrenmagazins) «FHM» («For Him Magazine»). Hundert Frauen waren es, die es auf diese Liste schafften, und gewonnen hat auch hier Britney Spears, die von «FHM» mit wenig schmeichelhaften Worten eingedeckt wurde: «amerikanische Landpomeranze im Schlampen- und Used-Look». Zweite wurde die deutsche Pseudo-Prinzessin Tatjana Gsell, und Dritte war Victoria Beckham («Trägerin von Kinderkonfektionsgrösse»). Schliesslich Platz vier: Camilla Parker-Bowles – «Mit grossem Dank an Kostüm, Maske und die Stuck-Innung Englands». Auf Platz sieben der «ungeilsten» Frauen schaffte es übrigens auch Tokio-Hotel-Sänger Bill Kaulitz (der mit dem Haarspray).

Lustig war auch die Frage nach der «Lieblings-Langzeit-Lebenspartnerin», die das US-Online-Portal Askmen. com stellte und die naturgemäss vor allem von Männern beantwortet wurde: 2,5 Millionen User stimmten ab, gewonnen hat Jessica Alba.

Hier sind die zehn Damen, mit denen die amerikanischen Männer am liebsten Herd und Heim teilen würden:

1. Jessica Alba
2. Sienna Miller
3. Angelina Jolie
4. Adriana Lima
5. Maria Menounos
6. Charlize Theron
7. Jessica Biel
8. Amerie
9. Natalie Portman
10. Eva Longoria Parker

Wenn hierzu eine Hypothese erlaubt sei: Mit fünf von zehn würde man wohl nach reiflicher Betrachtung kaum wirklich das restliche Leben, sondern eher eine Nacht lang ein gemeinsames Lager teilen wollen. Aber vielleicht haben die «Askmen»-User die Frage vor lauter einheizenden Bildern, die zu der Umfrage kredenzt wurden, etwas freier interpretiert?

Vielleicht dachten die (männlichen) Teilnehmer der Umfrage aber auch, sie würden gerade an der jährlichen «FHM»-Befragung nach den «100 Sexiest Women» teilnehmen. Diesen Wettbewerb gewann im Jahr 2008 Jessica Biel, vor Scarlett Johansson und Jessica Alba. In den Top Ten sind aber auch Eva Longoria Parker, Sienna Miller oder Christina Aguilera, was die Stil-Kompetenz der abstimmenden Männerwelt doch wieder in Frage stellt. Vielleicht ist es einfach so: Männer verzeihen deutliche Stil-Defizite für etwas blondes Haar und eine generöse Oberweite, während Frauen doch etwas anspruchsvoller sind, wenn es um die Gesamtwertung geht.

Fragt man die Leserinnen des britischen «Daily Express», so ist die «eleganteste Frau aller Zeiten» noch immer Prinzessin Diana, vor Sophia Loren und Grace Kelly. Mit Audrey Hepburn und Marilyn Monroe schaffen es zwei weitere Hollywood-Diven in die vorderen Ränge.

Konsultiert man aber die Leserinnen des grellen Revolverblattes «Hello!», dann gewinnt Madonna vor Christina Aguilera und «Buffy»-Darstellerin Sarah Michelle Gellar. Daraus ist zu schliessen: Eleganz ist Geschmackssache. «Beauty is in the eye of the beholder», wie die Engländer treffend sagen – «Schönheit liegt im Auge des Betrachters».

Es gibt keine gültige Definition von Eleganz und Faktoren für Stil-Relevanz. Aber eines wird doch deutlich: Einen eigenen Stil zu haben, kann man auch heute noch nicht über Nacht erlernen. Erst recht nicht, ihn zu pflegen und damit die Freiheit zu erlangen, die Regeln auch mal ganz nach dem eigenen Gusto zu interpretieren. «Eleganz ist Verweigerung», sagte schon die unnachahmliche Modekritikerin Diana Vreeland.

Also: Was andere tun, können wir noch lange: Hier folgen zwei «inoffizielle», aber gleichwohl sorgfältig abgewogene Listen von «ewig gültigen» und aktuellen weiblichen Stil-Ikonen – sowie eine kleine Liste von Frauen, die im Scheinwerferlicht nicht ganz so souverän agieren.

Die zehn wichtigsten weiblichen Stil-Ikonen des 20. Jahrhunderts

1. Grace Kelly (1929–1982)

Schauspielerin, Fürstin von Monaco und Mutter aller Stil-Ikonen

Fürstin Gracia Patricia von Monaco, geborene Grace Kelly, lebte ein relativ kurzes, aber schillerndes Leben – als Schauspielerin, Gattin des monegassischen Fürsten Rainier III. und: Stil-Ikone. Die in Philadelphia (USA) geborene Grace, Tochter des irischstämmigen Bauunternehmers und Olympia-Ruderers Jack Kelly, war das dritte von vier Kindern und hatte, anders als der sportbegeisterte Rest ihrer Familie, schon früh eine Affinität für Ballett und die Schauspielerei. Nach der High School studierte sie in New York die «dramatischen Künste» und jobbte als Fotomodell. Der Durchbruch als Schauspielerin gelang ihr Anfang der fünfziger Jahre – schon ihr zweiter Film, «Zwölf Uhr mittags» (1952), machte sie zu einem der grössten Stars des Landes. Unvergesslich wurde Grace Kelly jedoch erst durch die drei Hitchcock-Filme «Bei Anruf Mord» (1954), «Fenster zum Hof» (1954) und «Über den Dächern von Nizza» (1955).

Als Grace Patricia Kelly 1955 widerwillig an die Filmfestspiele nach Cannes reiste, lernte sie an einem von der Zeitung «Paris Match» organisierten Treffen den jungen Fürsten Rainier III. von Monaco kennen, der sich in die schöne Schauspielerin verliebte und zu Weihnachten desselben Jahres in die USA reiste, um Grace' Vater um ihre Hand zu bitten. Der Legende nach bekam Grace Kellys damaliger Verlobter, der Modeschöpfer Oleg Cassini, nur einen Tag vor der Neuverlobung mit Fürst Rainier III. den Laufpass. Anfang April reiste die Familie Kelly mit dem Dampfer nach Monte Carlo, und am 19. April 1956 wurde in der St.-Nicholas-Kathedrale von Monaco aus der Schauspielerin Grace Kelly die Fürstin Gracia Patricia. Sie trug einen Rock aus gesamthaft rund vierhundert Metern Seidentaft, Tüll und Spitze, geschneidert von der Kostümdesignerin Helen Rose.

Zur Feier des Tages benannte der Lederwarenhersteller Hermès im selben Jahr eine Handtasche nach Gracia: Die Kelly-Bag, vormals «sac à dépêches», ist bis heute eines der am besten verkauften Modelle des Luxuslabels. Angeblich benutzte die Fürstin die Tasche zu Beginn ihrer ersten Schwangerschaft gerne, um ihr Bäuchlein zu kaschieren. Gracia Patricias Stil wurde zum Synonym für guten Geschmack: Sie kleidete sich einfach, klassisch und elegant und stellte damit eine Antithese zu den kurvenreichen Hollywood-Starlets dar. Ein feines Twinset, ein weiter Rock mit der damals neuen Dior-Taille und eine Perlenkette – fertig ist der unprätentiöse, zeitlose Grace-Kelly-Chic. Auch trug sie ihre Hornbrille, die sie wegen einer Weitsichtigkeit benötigte, mit grosser Selbstverständlichkeit.

Das Leben als Fürstin von Monaco erlaubte es Gracia Patricia aber nicht, weitere Filme zu drehen – ihr Wirkungskreis beschränkte sich in den folgenden 25 Jahren im Wesentlichen auf repräsentative Funktionen als Fürstin, als Künstlerin und als Zentrum des aufblühenden gesellschaftlichen Lebens in Monte Carlo. Sie lud zu legendären Bällen, Ballettabenden, Konzerten und Wohltätigkeitsveranstaltungen. Die Weltöffentlichkeit verfolgte die Auftritte der schönen Fürstin mit Spannung: Ihr Stil und ihre Garderobe wurden zum Massstab für die späten fünfziger und frühen sechziger Jahre.

Darüber hinaus gebar Gracia Patricia die drei Kinder Caroline, Albert und Stéphanie. Mit Letzterer war sie am 13. September 1982 auf der Route de la Turbie in ihrem Rover 3500 unterwegs, als das Auto aus noch immer ungeklärten Gründen in einer Haarnadelkurve von der Strasse abkam und vierzig Meter tief einen Abhang hinabstürzte. Gracia Patricia erlag ihren schweren Verletzungen am Tag darauf im Alter von 52 Jahren, Tochter Stéphanie überlebte schwer verletzt. Gracia Patricia wurde in derselben Kathedrale beigesetzt, in der sie ihren Fürsten geheiratet hatte.

Die Ehrerbietungen für die legendäre Grace Kelly sind zahllos – man denke etwa an Mikas Welthit «Grace Kelly» (2007). Ihr selbst war der Rummel um ihre Person allerdings nicht immer geheuer, wie sie in einem Interview mit dem Bayerischen Rundfunk einmal offenbarte. «Die Aufmerksamkeit, die mir zuteil wird, ist mir manchmal ungemein lästig. Es ist ermüdend, ständig als Vorbild hingestellt zu werden.» Das Zitat erlaubt Einblick in eine Grace

Kelly, die weniger bekannt war: eine Frau, der die gesell-
schaftliche Verantwortung zeitweise eine grosse Last war
und die sich ein Leben lang fragte, ob sie sich mit der
Hochzeit mit dem «Märchenprinzen» von Monaco nicht
andere, grossartige Perspektiven verbaut hatte. Schon vor
der Hochzeit ahnte sie es, als sie 1955 in einem Interview
sagte: «Meine Karriere liegt mir mehr am Herzen als der
Gedanke an die Ehe. Wenn ich jetzt aufhörte – und auf-
hören müsste ich, weil die Ehe nach meiner Auffassung
eine Frau ganz beansprucht –, dann würde ich mich
womöglich mein Leben lang mit dem Gedanken quälen,
was für eine grosse Schauspielerin ich hätte werden können.»

2. Wallis Simpson (1896–1986)
*Gattin und Weggefährtin von Englands Kurzzeit-König
Edward VIII.*

Dagegen, was die unerschrockene Amerikanerin Bessie
Wallis Warfield-Simpson Mitte der dreissiger Jahre durch-
zog, ist jeder zeitgenössische Skandal ein flauer Witz. Wallis, eine zweimal geschiedene Frau, angelte sich den englischen Thronfolger, Prinz Edward VIII., und provozierte
damit eine der heftigsten Krisen der britischen Monar-
chie. Die Regierung des Vereinigten Königreichs war der
Ansicht, dass Mrs. Simpson eine ungeeignete Gemahlin
für Englands König sein würde, und vermutete, dass sie
diesen nur aus Gründen von Prestige und Wohlstand hei-
raten wollte.

Doch Edwards Liebe für die schöne, unabhängige und
unterhaltsame Dame war so heftig, dass er ihretwegen die

eben erst angewärmte englische Krone
wieder von seinem Haupt nahm und
nach nur zehn Monaten im Amt ab-
dankte. Edwards Abdankungsrede, die
am 11. Dezember 1936 live im britischen Radio übertragen wurde, hört
sich noch heute als eine der schönsten Liebeserklärungen der Geschichte an: Er könne die Bürde der
Krone nicht tragen, ohne die Frau an
seiner Seite zu wissen, die er aus tiefs-
tem Herzen liebe. Die Krone ging an
Edwards Bruder, George VI., der fortan
auch darüber zu bestimmen hatte,
wann und ob Edward je wieder englischen Boden betreten dürfe.

Wallis Simpson hatte ihrem Edward zu anderem Han-
deln geraten, doch er entschied sich für das Leben an ihrer
Seite, heiratete sie im Juni 1937 in Frankreich und ver-
brachte den Rest seines Lebens mit dem eigens für ihn
geschaffenen Titel «Duke of Windsor» an der Seite seiner
Angebeteten. Die Gerüchte, die beiden seien während
des Zweiten Weltkrieges Nazi-Sympathisanten gewesen,
konnten nie ganz widerlegt werden, doch in erster Linie
waren sie während vier Jahrzehnten, von den dreissiger
bis in die späten sechziger Jahre, das wichtigste Glamour-
Couple der Welt, umgeben mit der Aura der glühenden
Liebe, umspült von der schamlosen Schönheit der kom-
promisslosen Lebensgeniesser.

Offenbar hatte der Duke vom englischen Hof eine
grosszügige Abfindung erhalten, denn Wallis trug stets
die exklusivste Haute Couture von Chanel, Madame Grès,

Mainbocher oder Elsa Schiaparelli. Sie mischte das Elegante mit dem Exotischen und trug ihre Garderobe stets mit einem guten Schuss Humor. Die New Yorkerin Kohle Yohannan, die als Kostümkuratorin 1999 eine Ausstellung über Wallis' Stil betreute, sagt: «Wallis schuf ihr Image mit einem Radiergummi, nicht mit einem Bleistift. Sie hat jedes Gesetz der Welt gebrochen und sich nie dafür entschuldigt. Und sie verstand es, Stil mit Witz zu interpretieren.» So mischte Wallis gerne Modeschmuck mit echten Juwelen, von denen sie überreichlich besass: Die funkelnde Hinterlassenschaft der exzentrischen Frau wurde nach ihrem Tod für 160 Millionen Dollar versteigert. Über sich selbst sagte die lebenslang gertenschlanke Wallis mit einem Augenzwinkern: «Man kann nie zu reich oder zu dünn sein.»

Es ist wahrscheinlich, dass es trotz eines Lebens in Saus und Braus in der Beziehung der beiden nicht immer nur zum Besten stand – Wallis wurden nach der Heirat mit dem Duke of Windsor diverse Affären nachgesagt, sogar mit einem homosexuellen Spross der Woolworth-Familie. Dennoch blieben die beiden zeitlebens ein Paar, bis zu Edwards Tod im Jahre 1972. Die «Herzogin von Windsor», wie Wallis offiziell hiess, lebte noch bis 1986 zurückgezogen in Paris.

3. Diana Vreeland (1903–1989)
Modekolumnistin von «Harper's Bazaar» und
Chefredaktorin der US-«Vogue»

Es kann gut sein, dass davon, was von Diana Vreelands Leben überliefert ist, einiges nach ihrem eigenen Gutdünken erfunden ist. Immerhin sagte die legendäre Mode-Ikone ganz offen: «Kümmere dich nicht um die Fakten, projiziere einfach ein öffentliches Image.» Diana Vreeland verstand als eine der Ersten die Macht und die Mechanismen der Medien – schliesslich war sie ab 1936 für über ein Vierteljahrhundert Moderedaktorin bei «Harper's Bazaar» und von 1963 bis 1971 Chefredaktorin der amerikanischen «Vogue», damals noch die unangefochtene Modebibel der Welt.

Die als Diana Dalziel geborene Frau heiratete im Alter von 21 Jahren den Banker Thomas Reed Vreeland, mit dem sie für den Rest des Lebens zusammenlebte und zwei Söhne hatte. Als ihr Mann 1929 nach London berufen wurde, eröffnete Diana dort ein kleines Wäschegeschäft, wo unter anderen Wallis Simpson oder Mona Williams einkauften. Diana wurde dadurch rasch selbst zum Teil der Londoner Society, flog oft nach Paris, um bei Chanel einzukaufen, und war 1933 eine von fünfzehn amerikanischen Frauen, die zu einer persönlichen Audienz beim englischen König George V. und seiner Frau Mary in den Buckingham Palace eingeladen wurden.

1936 mussten die Vreelands, wiederum aus beruflichen Gründen, zurück nach New York. Dort traf Diana an einer Party auf Carmel Snow, damals Chefin von «Harper's Bazaar» – Diana in einem weissen Chanel-Kleid mit passendem Bolero und einer Rose im Haar gefiel der Modefachfrau so gut, dass sie die Redaktorin gleich als Kolumnistin engagierte. Ihre Kolumne «Why Don't You» wurde ein Renner und ist bis heute eine wichtige Referenz für Stilkritiker.

Doch ebenso sehr wie ihr persönlicher Look war es ihre Beobachtungsgabe, die Diana Vreeland zu einer der aussergewöhnlichsten Stil-Ikonen des 20. Jahrhunderts machte. «Sie macht das kleinste Detail wichtig», erinnerte sich Andy Warhol. Unvergessen sind Dianas Bonmots zur aktuellen Mode, die sie zeitlebens aufzeichnete: «Das Bikini ist die wichtigste Erfindung seit der Atombombe», schrieb sie etwa. Vieles davon ist in ihrer 1985 erschienenen, äusserst unterhaltsamen und erhellenden Autobiografie «D. V.» nachzulesen. In den sechziger Jahren verhalf Diana Vreeland jungen Frauen wie Lauren Hutton, Marisa Berenson, Veruschka von Lehndorff oder Twiggy zum Durchbruch. Sie war als modische Beraterin von Jackie Kennedy massgeblich an deren Bedeutung als Mode-Ikone beteiligt.

Selbst bevorzugte Diana Vreeland eine einfache, klare Garderobe, die sie mit knalligen Accessoires und ungewöhnlichen Hüten individualisierte. Das Experimentelle gehörte zwingend dazu, ebenso wie eine grosse Unbekümmertheit. «Fürchte dich nicht, vulgär zu wirken. Langeweile ist schlimmer», sagte sie etwa. Diana Vreeland wusste, dass sie alles andere als eine klassische Schönheit war – böse Kommentatoren ihrer Zeit beschrieben ihr Gesicht als das eines aus Holz geschnitzten Indianers –, aber sie machte das Maximum daraus. Ihre Überzeugung war es, dass die Gesetze des Geschmacks elastisch sind, solange man sie mit Stil zurechtbiegt.

Ihre späten Jahre investierte Diana Vreeland in die Tätigkeit als Ausstellungskuratorin im Costume Institute des New Yorker Metropolitan Museum.

4. Audrey Hepburn (1929–1993)
Schauspielerin und Unicef-Botschafterin

Diese Augen – in der Geschichte der Stil-Ikonen sind sie einzigartig und unvergesslich: die übergrossen, mit einem eleganten Schwenk nach oben geschminkten Rehaugen der Audrey Kathleen Hepburn, die 1929 in Brüssel als Tochter eines englischen Bankiers und einer niederländischen Baronin geboren wurde.

Ihre Jugendjahre in den von den Deutschen besetzten Niederlanden waren entbehrungsreich – es ist wahrscheinlich, dass die kindliche, fragile Figur von Audrey Hepburn auf die Unterernährung während der Kriegsjahre zurückzuführen ist. Nach einer Ausbildung zur Ballerina in London übersiedelte die junge Audrey Hepburn 1951 in die USA, um dort Ballett zu tanzen. Die Talentscouts der grossen Filmstudios in Hollywood entdeckten die schöne, elfenhafte Kindfrau rasch – schon für einen ihrer ersten Filme, «Ein Herz und eine Krone» (1953, mit Gregory Peck), bekam sie den Oscar als beste Hauptdarstellerin.

1954 heiratete Audrey Hepburn den Schauspieler Mel Ferrer, mit dem sie später im Epos «Krieg und Frieden» (1956) spielte. 1960 bekam das Paar einen gemeinsamen Sohn, Sean Hepburn-Ferrer – doch die Ehe hielt nur bis 1968. Auch die neuerliche Vermählung mit dem italienischen Psychiater Andrea Dotti brachte ihr kein dauerhaftes Glück. Erst mit dem Holländer Robert Wolders, den sie 1980 kennen lernte, lebte Audrey Hepburn bis zu ihrem Tod im Jahre 1993 in der Westschweiz.

Audrey Hepburn war die Antithese zu Marilyn Monroe: schmal und androgyn statt üppig und sexy. «Dieses Mädchen wird den Busen noch völlig aus der Mode bringen», sagte etwa Regisseur Billy Wilder, als er 1954 «Sabrina» mit ihr drehte. Und er sollte recht behalten. Audrey wurde zum Mode-Idol, ihr jugendlicher Stil mit weit schwingenden Röcken oder Sieben-Achtel-Hosen und Ballerinas wurde zum Vorbild für eine neue Generation. 1953 traf Audrey Hepburn auf den jungen Couturier Hubert de Givenchy, der sich fortan um ihre Garderobe kümmerte und damit eine Reihe von unvergesslichen Standards wie das kleine Schwarze schuf. Audrey war Givenchys Muse und sein wichtigstes Aushängeschild – sie machte ihn zum Star, während durch seine Arbeit ihr Stern weiter stieg. Unsterblich wurde Audrey schliesslich in der Rolle der Holly Golightly in Truman Capotes «Frühstück bei Tiffany» (1961).

Mary Quant, Erfinderin des Minirocks, nannte Audrey Hepburn «die eleganteste Frau, die je gelebt hat» – eine Einschätzung, der heute die meisten Menschen wohl zustimmen würden (siehe auch Kapitel «Hitlisten»). Auch Stiletto-König Manolo Blahnik sagt: «Audreys Stil war der wichtigste neue Look des 20. Jahrhunderts.»

Ab Ende der sechziger Jahre drehte Audrey Hepburn nur noch selten Filme und engagierte sich immer stärker als Sonderbotschafterin des Kinderhilfswerks Unicef. Mit ihrem Lebenspartner und dem Fotografen John Isaac reiste sie bis kurz vor ihrem Krebstod in die ärmsten Länder der Welt, um dort für die Projekte der Unicef zu werben. Für Audrey Hepburn, die zeitlebens auf das fröhliche

Bambi reduziert zu werden schien, war diese strapaziöse Arbeit die Erfüllung eines Lebenstraums: «Nun habe ich endlich das Gefühl, dass ich über etwas rede, das wirklich der Mühe wert ist», sagte sie.

5. Gabrielle «Coco» Chanel (1883–1971)
Modedesignerin

Gabrielle Bonheur Chanel bekam das Glück nicht in die Wiege gelegt – anders als viele Stil-Ikonen des 20. Jahrhunderts. Sie war die zweite uneheliche Tochter eines Hausierers namens Albert Chanel (Cocos Geburtsurkunde lautet aufgrund eines Tippfehlers auf «Chasnel») und seiner Geliebten Jeanne Devolle aus Saumur an der Loire. Erst im Jahr nach der Geburt der kleinen Gabrielle heiratete das Paar, doch schon im Jahre 1895 starb die Mutter und die erst elfjährige Gabrielle kam in ein Waisenhaus, wo sie aufwuchs und als Näherin arbeitete.

Vieles in der Vita der Mademoiselle Chanel wurde später von ihr persönlich korrigiert und umgedeutet, sodass inzwischen nicht mehr ganz eindeutig belegbar ist, wie sich die Metamorphose vom unbedeutenden Mädchen vom Lande zum Dreh- und Angelpunkt der internationalen Mode tatsächlich ereignet hat. Angeblich gelang der jungen Frau die «Flucht» aus der Provinz aber, als sie eines Abends von Offizieren eines Jägerregiments nach Moulins «entführt» wurde und sich als Sängerin namens «Coco» im Revuetheater La Rotonde engagieren liess. Dort traf sie auf einen vermögenden Industriellensohn namens Etienne Balsan, der ihr das Geschäft für eine erste eigene Boutique lieh, in der Chanel selbst entworfene Hüte verkaufte. Später gab ihr nächster Lover, ein britischer Geschäftsmann, ihr das Geld für eine Filiale im Seebad Deauville.

Der Rest ist hundertfach replizierte Modegeschichte: Die den Körper locker umspielenden Jerseykleider der Coco Chanel passten 1914 perfekt zum neuen, freieren Zeitgeist und revolutionierten die Damenmode. Chanel wurde, nebst Paul Poiret oder Mariano Fortuny, zum Synonym für die moderne, selbstbestimmte und vom Korsett befreite Frau. 1915 besass Coco Chanel Modesalons in Paris und Biarritz, beschäftigte bald 300 Näherinnen, beglich ihre Schulden und etablierte sich damit als unabhängige Unternehmerin.

1921 lancierte sie mit Parfumeur Ernest Beaux das damals völlig revolutionäre Parfum «No. 5». George Bernard Shaw bezeichnete sie in den zwanziger Jahren als eine der zwei bedeutendsten lebenden Frauen der Welt – mit der zweiten meinte er die Physikerin Marie Curie. 1936 beschäftigte die Firma Chanel bereits 4000 Menschen.

Der Zweite Weltkrieg brachte eine schwere Zäsur: Wegen Gerüchten um Kollaborationen und Liebschaften mit Nazi-Offizieren wurde Gabrielle Chanel in Paris zur öffentlichen Unperson und begab sich ins Schweizer Exil. Erst 1954, angeblich aus Ärger über Christian Diors «New Look», den sie als rückständig empfand, beschloss Chanel ein Comeback. Die Presse traute der bereits über siebzigjährigen Ex-Modegrösse nicht mehr viel zu, aber Coco Chanel belehrte die Welt eines Besseren und setzte zu ihrer zweiten, nicht minder fulminanten Karriere an. Ihre schlichten, bequemen Wollkostüme trafen den Nerv der Zeit. Sie wurden, zum Teil mit Goldknöpfen und kontrastierenden Besätzen dekoriert, zum Markenzeichen des Hauses.

Mademoiselle Chanel kombinierte ihre kniekurzen Kostüme mit schlichten Twinsets, Slingback-Pumps, abgesteppten Handtaschen mit Schulterketten oder Perlenketten. Auf diese Bausteine baut der «Chanel-Look» noch heute: Sie werden jede Saison aufs Neue variiert und erweisen sich dabei als ausserordentlich variabel und zeitlos. «Mode ist Architektur», pflegte Chanel zu sagen, «es ist alles eine Frage der Proportion.»

Coco Chanel starb 1971 im Alter von 87 Jahren in ihrer Suite im Pariser Hotel Ritz, mitten in den Vorbereitungen für ihre nächste Modenschau. Seit 1983 zeichnet der Deutsche Karl Lagerfeld für die Kollektionen des Hauses verantwortlich.

6. Jacqueline Kennedy (1929–1994)
Journalistin und Witwe des legendären US-Präsidenten John F. Kennedy

«Die trägt ja ein Zirkuszelt!», soll der sowjetische Staatschef Nikita Chruschtschow zu seinem Sekretär gesagt haben, als er Jacqueline Kennedy erblickte, die ihren Mann im Anschluss an die Kuba-Krise Anfang der sechziger Jahre nach Moskau begleitete. Mit dieser höhnischen Kritik dürfte Chruschtschow aber allein auf weiter Flur gestanden haben, denn «Jackie», wie die Öffentlichkeit sie liebevoll nannte, war damals bereits eine der wichtigsten Mode-Ikonen ihrer Zeit. In diesem Selbstverständnis dürfte sie die groben Kommentare des russischen Gastgebers galant überhört haben.

Zur Ikone wurde die im amerikanischen Southampton geborene Jacqueline Lee Bouvier als Ehefrau des 35. US-Präsidenten John F. Kennedy. An seiner Seite «amtete» sie vom 20. Januar 1961 bis zu Kennedys Ermordung am 22. November 1963 als First Lady. Kennen gelernt hatte sie ihren Mann 1952, als sie für den «Washington Times-Herald» den jungen Kongressabgeordneten und Senatskandidaten interviewte. Aus dem Interview wurde eine feurige Liebschaft, in deren Folge ihre Verlobung mit einem Börsenmakler aufgelöst wurde – schon wenige Monate später heiratete sie Kennedy.

1961 zogen die Kennedys als jüngstes Paar der Geschichte ins Weisse Haus ein – Jackie etablierte damit nach der eher gemütlichen Mamie Geneva Eisenhower ein neues, jugendliches Verständnis von First Lady. Ihr «New Look» ist ein «ästhetisches Pfand» für das Versprechen eines Wechsels und Aufbruchs, das Kennedy während des Wahlkampfes abgegeben hatte. Jackie machte mit Mode Politik. In der kurzen Zeit von John F. Kennedys Präsidentschaft wurde Jacqueline Kennedy zur bedeutendsten und meistfotografierten Frau der Welt. In diese

Zeit fallen auch die ikonenhaften Looks der Jackie Kennedy: der Pillbox-Chic, das zu flachen Pumps getragene Etuikleid oder die einfacheren Freizeit-Looks auf Basis der damals populären Caprihose. Ihr Look wurde millionenfach kopiert.

In der amerikanischen Presse musste sich Jackie Kennedy allerdings auch Kritik gefallen lassen, weil sie Kreationen von Givenchy, Dior und Chanel oder Taschen von Gucci gegenüber Produkten amerikanischer Marken den Vorzug gab. Also rief sie Diana Vreeland an, die ihr einige einheimische Namen vorschlug, die ihr aber allesamt nicht gefielen. Einigen konnten sich die beiden Frauen aber auf den relativ unbekannten Oleg Cassini, der zu Jackies Leibschneider wurde und einige ihrer unvergesslichsten Roben schuf. Cassini, der zeitweise Grace Kellys Verlobter war, war auch derjenige, der Jackies pinkfarbenes Chiffonkleid schuf, über das sich Chruschtschow lustig machte.

Mit der Ermordung von John F. Kennedy endete auch die intensive «Arbeitsbeziehung» zwischen Designer Oleg Cassini und Jackie Kennedy. Bereits zur Beerdigung trug Jackie ein Trauerkleid von Givenchy. In der Folge zog sich die Witwe mit ihren beiden Kindern so weit wie möglich aus der Öffentlichkeit zurück und wurde erst wieder zum Thema, als sie 1968 den griechischen Reeder Aristoteles Onassis heiratete und damit zur «Jackie O.» wurde. Die amerikanische Presse nahm ihr diese Vermählung übel und verzieh der einst meistbeachteten Frau der Welt diesen «Landesverrat» erst wieder, als Onassis 1975 starb und Jackie zu ihrer dritten Karriere ansetzte – der einer berufstätigen, unabhängigen Frau, die bis zu ihrem Tod im Jahre 1994 engagiert als Literatur-Lektorin arbeitete.

Jackie Kennedys modisches Erbe erfuhr Anfang 2008

ein Comeback, als das Fotomodell Carla Bruni den französischen Staatspräsidenten Nicolas Sarkozy heiratete und sich in Outfits zeigte, die jenen von Jackie während ihrer Zeit an der Seite von John F. Kennedy verblüffend ähnlich sahen. Vielleicht kein Zufall, hatte doch Jackie damals, also fast ein halbes Jahrhundert früher, zu «ihrem» Schneider gesagt: «Ich möchte mich gerne so kleiden, als wäre John der Präsident von Frankreich.»

7. Veruschka von Lehndorff (*1939)
Model und Künstlerin

Vera Gottliebe Anna Gräfin von Lehndorff aus dem ostpreussischen Königsberg hätte, als Spross eines alteingesessenen Adelsgeschlechts, statt einer der Model-Ikonen der siebziger Jahre ebenso gut Society-Dame werden können. Wäre da nicht das Rebellische und Unangepasste gewesen, das offenbar genauso in den Genen der von Lehndorffs liegt: Ihr Vater, Heinrich Graf von Lehndorff-Steinort, wurde 1944 wegen der Teilnahme an der Verschwörung des 20. Juli gegen Adolf Hitler hingerichtet.

Veruschka wuchs nach Kriegsende mit ihrer Mutter und ihren Schwestern in Flüchtlingslagern auf. Später kümmerten sich Bekannte um die Familie, und Veruschka begann ein Studium als Designerin, das sie aber bald wieder abbrach, um sich in Italien ganz der Malerei zu widmen. Zwischendurch versuchte sie sich in Paris und New York als Model, doch entsprach sie mit ihrer überragenden Grösse und ihrem kantigen Charakterkopf nicht den damaligen Vorstellungen dieses Gewerbes.

Allerdings wurde der Filmemacher Michelangelo Antonioni auf die ungewöhnliche Deutsche aufmerksam und engagierte sie für eine Nebenrolle in seinem Kultfilm «Blow-Up». Sie sprach nur drei Worte («Here I am»), aber ihre energiereiche Darstellung eines jungen Fotomodells, das für ein bisschen Ruhm zu allem bereit ist, machte sie über Nacht weltberühmt. Unter ihrem Vornamen Veruschka wurde sie zum ersten deutschen Topmodel. Sie war eine willkommene Alternative zur spindeldürren Twiggy und wurde elfmal für das Cover von «Vogue» fotografiert. 1967 widmete ihr das Magazin «Life» eine Geschichte unter dem Titel «The Girl Everybody Stares At».

Veruschkas historisches Verdienst ist es, dem davor eher charakterlosen Wesen eines Fotomodells eine persönliche, künstlerische Note hinzuzufügen – davon profitieren heute Models wie Kate Moss, Agyness Deyn oder Naomi Campbell. Mehr als alle anderen Models ihrer Zeit engagierte sich Veruschka auf dem Set, entwickelte zusammen mit den Redaktoren oder Fotografen ungewöhnliche Ideen und setzte ihren Körper im Sinne von künstlerischen Performances ein. Sie erfand ihr eigenes Image immer wieder neu – wie es heute die meisten Fotomodells tun müssen, um «at the top» zu bleiben. 1971 wurde Veruschka gar politisch, als sie sich an Alice Schwarzers Bekenner-Aktion «Wir haben abgetrieben!» beteiligte.

8. Marlene Dietrich (1901–1992)
Schauspielerin und Sängerin

Marlene Dietrich provozierte und schockierte ihre Zeitgenossen - und wurde damit, wie viele ungewöhnliche Frauen nach ihr, zum Weltstar. Das konservative Deutschland der frühen dreissiger Jahre war geschockt über die Frau, die sich traute, maskuline Hosenanzüge und ins Gesicht gezogene Männerhüte zu tragen - es waren meist Entwürfe von Travis Banton, dem damaligen Chefdesigner der Filmstudios Paramount. Damals versuchten die Pariser Stadtbehörden gar, Marlene Dietrich am Betreten der Innenstadt in Männerkleidung zu hindern, weil sie einen Zerfall der Sitten befürchteten.

Die als Marie Magdalene Dietrich geborene Mimin wuchs in durchaus bürgerlichen Verhältnissen in Berlin auf: Sie war die zweite Tochter des königlichen Polizeileutnants Louis Erich Otto Dietrich und dessen Ehefrau Wilhelmine Elisabeth Josephine, geborene Felsing. Der Vater verstarb 1908, und die Mutter heiratete erneut, aber auch Leutnant Eduard von Losch verstarb 1916 nach nur zwei Jahren Ehe an einer Kriegsverletzung. Die kleine Marie war also früh auf sich selbst gestellt - als sichtbarstes Zeichen hierfür gab sie sich im Alter von elf Jahren selbst den Namen Marlene. Nach der Berliner Schulzeit nahm Marlene Dietrich 1918 an der Musikhochschule Weimar eine Ausbildung als Konzertgeigerin in Angriff und setzte diese nach drei Jahren in Berlin fort, musste aber im Jahr darauf wegen einer Sehnenentzündung ihre Pläne begraben und beschloss daraufhin, sich der Schauspielerei zu widmen. Der Theaterregisseur Max Reinhardt gab ihr am Deutschen Theater Berlin ihre erste Rolle. 1923 folgten erste kleine Auftritte in Filmen – insgesamt spielte Marlene damals in rund dreizehn Stummfilmen. In «Café Elektric» bekam sie 1927 ihre erste Hauptrolle, und 1929 gelang ihr mit «Der blaue Engel» der internationale Durchbruch. «Ich bin von Kopf bis Fuss auf Liebe eingestellt», das Lied, das sie als Lola in diesem Film sang, wurde zum Welthit.

Es folgten die ganz grossen Engagements bei Paramount in Hollywood – Marlene emigrierte in die USA und widerstand Angeboten der Nazis, welche die prominente Deutsche Mitte der dreissiger Jahre auch für deutsche Filmproduktionen gewinnen wollten. Die Bemühungen waren gänzlich umsonst: 1939 nahm Marlene Dietrich, angewidert von den Entwicklungen in ihrer Heimat, die amerikanische Staatsbürgerschaft an und engagierte sich während des Zweiten Weltkriegs im Kampf der USA gegen die Nazis. Teile der deutschen Öffentlichkeit grollten der «Verräterin» noch lange nach Kriegsende, aber für den Rest der Welt war Marlene vom kühlen Star zur Heldin geworden: 1947 erhielt sie die «Medal of Freedom», den höchsten Orden, den Zivilisten in den USA bekommen können, und 1950 verliehen ihr die Franzosen den Titel eines «Ritters der Ehrenlegion».

Nach dem Krieg wurde aus der Schauspielerin zunehmend die Sängerin Marlene Dietrich: 1953 gab sie grosse Shows in Las Vegas und London, und im Gespann mit dem Erfolgskomponisten Burt Bacharach wurde sie ab

1955 zu einer gefeierten Bühnendarstellerin, die bis zu ihrem 75. Lebensjahr durch die grossen Säle der Welt tourte. So war Marlene Dietrich auch die erste deutsche Künstlerin, die nach 1945 in der Sowjetunion auftrat oder die erste, die nach dem Krieg in Israel deutschsprachige Lieder vortrug.

Zeitlebens sorgte Marlene Dietrich mit ihren Bühnen-Outfits für Schlagzeilen – am ausdrucksstärksten waren, neben «feministischen» Hosenanzügen, ihre hautfarbenen und mit Tausenden von Steinchen und Pailletten besetzten «Soufflé-Kleider», welche Marlene wie eine scheinbar nackte, in allen Farben funkelnde Sirene aussehen liessen. Marlene wollte, wenn es um die Bühnenarbeit ging, nur das Exklusivste: Für einige ihrer pompösen Bühnenmäntel aus weissen Brustdaunen sollen 3000 Schwäne gerupft worden sein. Als sie in eben diesem Mantel 1960 in Deutschland auf der Bühne mit Eiern beworfen wurde, antwortete Marlene dem Reporter hinter den Kulissen auf die Frage, ob sie Angst vor solchen Anschlägen habe: «Nicht vor den Deutschen, nur um meinen Schwanenmantel, aus dem ich Eier oder Tomatenflecken kaum herausbekommen würde, um den mache ich mir Sorgen.»

1992 starb Marlene Dietrich, nachdem sie ihre Pariser Wohnung jahrelang nicht mehr verlassen hatte und nur noch telefonischen Kontakt zur Aussenwelt unterhielt. Sie wurde, nach einer Trauerfeier in Paris, auf dem Städtischen Friedhof Schöneberg in Berlin in einem einfachen Grab nahe ihrer Mutter beigesetzt. Ihre Heimatstadt ehrte die Dietrich erst 1997, indem sie den Platz neben dem neu aufgebauten Potsdamer Platz auf den Namen Marlene-Dietrich-Platz taufte. «Berliner Weltstar des Films und des Chansons. Einsatz für Freiheit und Demokratie, für Berlin und Deutschland», lautet die Widmung, die dort zu lesen ist. Posthum erhielt sie im Mai 2002 auch die Ehrenbürgerschaft der Stadt Berlin – leider wiederum nicht ohne den Protest von ein paar Ewiggestrigen.

9. Jane Birkin (*1946)
Schauspielerin und Sängerin

Was für die sechziger Jahre die Kelly-Bag, war für die Achtziger die Birkin-Bag, ebenfalls aus dem Hause Hermès und benannt nach der bekannten britischen Schauspielerin und Sängerin.

Jane Mallory Birkin, 1946 in London geboren, ist die Tochter des Lieutenant-Commanders David Birkin und der Schauspielerin Judy Campbell. Zu Weltruhm kam Birkin in den sechziger Jahren, als sie, an der Seite von Veruschka von Lehndorff, ein Möchtegern-Fotomodell in Antonionis Kultfilm «Blow-Up» spielte. Der Film gewann 1967 an den Filmfestspielen in Cannes die Goldene Palme. Birkin war als flachbrüstiges Mädchen ein radikal anderes Vorbild als die davor tonangebende Brigitte Bardot und repräsentierte ein neues, jugendliches Ideal der sechziger Jahre.

Während dieser Zeit lernte sie auch den kettenrauchenden französischen Nationalhelden Serge Gainsbourg kennen, der Jane Birkin 1969 die inzwischen weltberühmt gewordenen Zeilen des Songs «Je t'aime ... moi non plus» stöhnen liess. Ursprünglich hätte die Bardot den Text singen sollen – das war ihr dann aber «zu heiss». Zum Vorteil von Jane Birkin, denn die zeitweise im Radio verbotene Sex-Ballade verkaufte sich wie verrückt und machte das Duo Gainsbourg/Birkin zu herausragenden Figuren ihrer Zeit. Sie produzierten bis zur Trennung im Jahre 1981 gemeinsam Musik, und auch Janes zweites Kind, Charlotte, stammt von Gainsbourg. Jane Birkin hatte davor bereits mit dem englischen Filmkomponisten John Barry eine Tochter (Kate) und danach mit ihrem neuen Lebenspartner ab 1981, dem französischen Regisseur Jacques Doillon, noch eine: Lou. Doillon verhalf Birkin in den achtziger Jahren zu einem neuen Image als ernst zu nehmende Schauspielerin.

Die Musik hat Jane Birkin entgegen allen Ankündigungen nur kurzzeitig aufgegeben. Seit 1998 gibt es wieder neues Material, auf dem Jane an der Seite bedeutender Kollegen wie Manu Chao, Bryan Ferry, Beth Gibbons oder Rufus Wainwright zu hören ist.

Die Geschichte mit der Birkin-Bag soll sich im Jahre 1986 zugetragen haben, als der damalige Hermès-Chef Jean-Louis Dumas auf einer Reise von New York nach Paris zufällig neben Jane Birkin im Flugzeug sass und sich mit ihr unterhielt. Dem Edelsattler schien die grosse Korbtasche, welche Jane mit sich führte, nicht elegant genug – Birkin verteidigte ihre Wahl mit dem Argument, dass exklusivere Handtaschen für das Mitführen der Babysachen ihrer Tochter Lou nicht gross genug seien. Dumas offerierte Jane Birkin, ihr etwas Passendes anfertigen zu lassen, und kritzelte den ersten Entwurf auf eine Serviette – die Birkin-Bag war geboren. Noch heute beträgt die

Wartezeit für diese «Kulttasche» je nach Ausführung mehrere Jahre. Zeitweise schien die Tasche gar berühmter als ihre Namensgeberin: So berichtete Charlotte Gainsbourg, dass sie einst in den USA gefragt worden sei, ob sie die «Tochter der Tasche» sei.

Jane Birkin ist jedoch weit mehr als Namensvetterin einer berühmten Tasche. Sie ist heute eine der gut gereiften und trotz ihres Alters noch immer sehr attraktiven Ikonen der sechziger und siebziger Jahre, die sich einen Hauch dieser zeittypischen Rebellion bewahrt haben. Noch heute sorgt Jane Birkin mit ihren schlau komponierten Basic-Looks für Schlagzeilen, ob sie nun zu einer Hermès-Modenschau erscheint oder zusammen mit ihren beiden jüngsten Töchtern als Model arbeitet, wie es unlängst für das Versandhaus La Redoute der Fall war.

10. Grace Jones (*1948)
Schauspielerin und Sängerin

Grace Jones ist ein Kunstprodukt – aber was für eines! Die im jamaikanischen Spanish Town bei Kingston als Grace Mendoza geborene Sängerin und Schauspielerin verkörperte in den achtziger Jahren wie keine andere das Leben als totale Image- und Bühnenfigur. Ausgedacht hat sich die Rolle der Grace Jones der kongeniale französische Fotograf und Arrangeur Jean-Paul Goude, der zeitweise Grace Jones' Lebenspartner war und das singende Model Anfang der achtziger Jahre als unterkühlt-kantige Amazone positionierte.

Grace Jones ist ein Kind des legendären «Studio 54» in New York – die schwarze Performerin ist gleichsam Sinnbild des ungezügelten Hedonismus der späten siebziger Jahre. Ihr Weg ins Zentrum des New Yorker Nightlife führt von Jamaika über eine eher kleinbürgerliche Jugend in Syracuse bei New York und eine abgebrochene Ausbildung zur Sprachlehrerin. Grace wurde Model und liess sich für «Vogue» oder «Elle» fotografieren. Gleichzeitig versuchte sie sich als Schauspielerin und bekam einige kleinere Rollen, bevor sie ganz aufs Singen setzte.

Ihre ersten Disco-Alben der späten Siebziger verkauften sich mässig – Grace' Karriere kam erst Anfang der achtziger Jahre richtig in Fahrt, als ihr Lover Jean-Paul Goude sich zusammen mit den Produzenten Chris Blackwell und Alex Sadkin ein neues Image für ihren Schützling ausdachten und ihr eine messerscharfe Frisur verpassten, die perfekt zu dieser neuen, kühlen Mischung von New Wave und Reggae passte, welche Grace Jones vortrug. Grace Jones' grösster Hit war «Slave to the Rhythm», ein vom Erfolgsproduzenten Trevor Horn arrangiertes Stück, das 1985 um die Welt ging. Ihre weiteren Hits sind grossteils Coverversionen von Hits anderer Interpreten: «Nightclubbing» ist ursprünglich von Iggy Pop und David Bowie, «Love Is the Drug» von Roxy Music oder «La vie en rose» von Edith Piaf.

Grace Jones' modisches Vermächtnis ist eine Eighties-typische Variante des Spiels mit den Geschlechterrollen, mit dem auch Marlene Dietrich oder Madonna für Furore sorgten. Grace trug maskuline Kostüme mit breiten Schultern und dunkle Sonnenbrillen – andererseits liess sie sich als überirdische Sex-Göttin diverse Male nackt fotografieren. Über die Musik hinaus blieb Grace Jones auch als Schauspielerin in Erinnerung, etwa als James-Bond-Girl May Day im Film «Im Angesicht des Todes» (1985).

Ende der achtziger Jahre wurde es relativ ruhig um die temperamentvolle Jones – man sah sie zwar noch gelegentlich als «Stargast» an Events oder Modenschauen, doch ihre stilistische Relevanz erreichte nicht mehr die zwingende Qualität der Achtziger. 2008 kündigte Grace Jones mit der CD «Hurricane» jedoch ihr Comeback an.

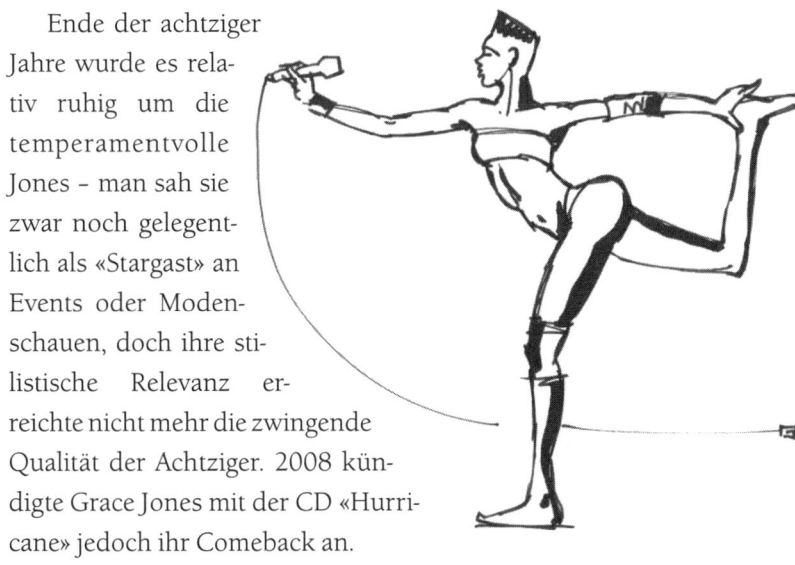

Zehn neue Stil-Ikonen des 21. Jahrhunderts

1. Charlotte Gainsbourg (*1971)
Model, Sängerin und Schauspielerin

Mit diesen Eltern kann aber auch wirklich nichts mehr schiefgehen: Charlotte Lucy Gainsbourg, in London geborene Tochter des französischen Nationalheiligen Serge Gainsbourg und seiner charismatischen Gespielin Jane Birkin, ist bereits in jungen Jahren im Olymp der zeitgenössischen Stil-Ikonen angekommen. Seltsam ist allerdings, dass man Charlotte Gainsbourgs Ruhm und ihre Stilwirksamkeit bisher nicht an einem bestimmten Ereignis oder Statement festmachen kann, sondern sie als eine Art «Erbin des Stils» die guten Gene ihrer Erzeuger ins neue Jahrtausend rettet.

Ihre Filmrollen, etwa in «L'Effrontée» (1986) oder «La Bûche» (1999), wurden allesamt als ordentlich bis sehr gut bewertet, doch die ganz grosse Notierung hat die in London geborene Schauspielerin bis heute nicht geschafft. Ironie des Schicksals: Die Hauptrolle in «Zusammen ist man weniger allein» (2007) konnte sie nicht wie geplant spielen, weil sie sich beim Wintersport verletzt hatte. Die «Ersatzfrau» Audrey Tautou konnte mit dem Film dann einen Welthit verbuchen.

Dafür gelang Charlotte Gainsbourg mit der CD «5:55», die sie 2006 mit dem französischen Elektropop-Duo Air einspielte, der grosse Lifestyle-Kracher: Die sanft melancholisch-träumerische und gleichzeitig kühl kalkulierte Musik brachte den Zeitgeist perfekt auf den Punkt.

Charlotte Gainsbourg lebt mit dem französischen Schauspieler und Regisseur Yvan Attal zusammen, mit dem sie zwei Kinder hat. In der Pariser Modeszene gehört Charlotte, zusammen mit ihrer jüngeren Schwester Lou Doillon, als «nouvelle femme» zu den gefragtesten Gästen an Cocktails und Shows. Sie arbeitet regelmässig als Model – in guter Erinnerung sind ihre Auftritte als Gesicht für das Versandhaus La Redoute oder den Taschenhersteller Gerard Darel. Überdies ist Charlotte Gainsbourg Muse und Botschafterin des stilprägenden Designers Nicolas Ghesquière bei Balenciaga.

Ihre Selbsteinschätzung: «Ich habe mein eigenes Gesicht lange Zeit gehasst, aber noch schlimmer fand ich meine Stimme. Sie klang schrecklich – ich konnte mich einfach nicht daran gewöhnen.» («The Guardian», 2002)

Ihr Look: Cool Basic oder High Fashion, aber immer sehr selbstverständlich.

Ihre Marken: Balenciaga, La Redoute, Gap, Gerard Darel.

Was man von ihr lernen kann: Wie man die neuste Mode tragbar macht und Showstücke vom Laufsteg alltäglich in eine zeitgemässe Garderobe integriert.

2. Carine Roitfeld (*1954)
Chefredaktorin der französischen «Vogue»

Carine Roitfeld, Tochter eines russischen Filmproduzen-
ten und einer Pariser Grande Dame aus dem 16. Arron-
dissement, begann ihre Karriere in der Modewelt im Alter von achtzehn Jahren, als sie auf den Strassen in Paris
von einem Fotografen als Model entdeckt wurde. Zur
grossen Karriere reichte es ihr nicht, wohl aber wurde sie
regelmässig für kleinere Magazine gebucht, bis sie die
Fronten wechselte und als Autorin und Stylistin für
«Elle» tätig wurde. 1986, Carine Roitfeld war inzwischen
selbstständig, verheiratet und Mutter zweier Kinder, traf
sie auf einem Fotoshooting, zu dem auch ihre damals
fünfjährige Tochter Julia gebucht war, den
Fotografen Mario Testino. Die zwei wurden
Freunde, arbeiteten bald als Team zusammen
und fotografierten Kampagnen für verschiedene Modehäuser. Dabei traf Carine Roitfeld
auch auf den texanischen Designer Tom
Ford, der damals gerade zu einer fulminanten Karriere bei Gucci ansetzte. Während
Jahren arbeitete sie mit ihm als Beraterin
und Muse, zuletzt auch für Yves Saint Laurent, wo Tom Ford von 2000 bis 2003 parallel zum Job bei Gucci als Creative Direc-
tor tätig war.

Im Jahr 2001 wurde sie von Condé-Nast-
Chairman Jonathan Newhouse als Chefredaktorin für die französische «Vogue» engagiert. In dieser Funktion hat Carine Roitfeld das Blatt von einer
klassischen Glamour-Gazette zu einer der tonange-

benden Publikationen der internationalen Mode gemacht. Auch ihr eigener Stil sorgt für Schlagzeilen: Der «Telegraph» nannte sie «die bestangezogene Frau der Welt», für «Women's Wear Daily» ist sie schlicht «the Muse of the Moment».

Carine Roitfeld ist seit dreissig Jahren mit dem französischen Designer Christian Restoin («Equipment») verheiratet, mit dem sie zwei Kinder hat, Julia (*1981) und Vladimir (*1984). Tochter Julia folgt dem Lebensmuster ihrer Mutter und arbeitet bereits als Designerin und Model, Sohn Vladimir hat vor kurzem in den USA ein Schauspieler-Diplom geholt.

Carine Roitfeld hat von Berufes wegen täglich mit Mode zu tun. Also ist «die neue Mode» zu dem Zeitpunkt, in dem sie in den Läden hängt, bereits Schnee von gestern. «Da ist es doch besser, wenn man einfach das trägt, was man selbst mag – unabhängig von Trends», sagt sie. «Für mich ist das Anziehen ganz einfach», sagt Roitfeld zu ihrem Stil, «denn ich weiss ganz genau, was mir steht. Ich kenne meinen Stil und meine Farben», so die in der «Welt» erschienenen Einblicke in ihre modischen Überzeugungen. Sich selbst bezeichnet Carine Roitfeld als «typische Yves-Saint-Laurent-Frau aus den Siebzigern. Auch sie war sexy, selbstbewusst und eckte an.» In der Auswahl ihrer Garderobe zeigt Carine Roitfeld Sinn für klassische Kombinationen, aber auch eine grosse Lust an Provokation und kalkuliertem Stilbruch.

Glamour und Provokation als Erfolgsrezept – das gilt bei Carine Roitfeld im Privaten wie im Beruflichen. Die «Vogue» ist unter ihrer Ägide zu einem der innovativsten Magazine geworden. «Wir wollen kontrovers sein und zeigen rauchende Frauen oder gefesselte, nackte Models», sagt sie. Zwar erntet sie dafür immer wieder heftige Kritik von Feministinnen oder Tierschützern, «doch das bringt mich in die richtige Richtung», so Roitfeld. «Ich bin der Punk in der ‹Vogue›-Familie.»

Ihre Selbsteinschätzung: «Die Modebranche ist ein anstrengender Job, und man ist nicht automatisch dumm, wenn man dort arbeitet.»

Ihr Look: Sehr modern, klassisch-sexy mit einem wohltuenden Dreh ins Ordinäre. Stiftrock, Strickjäckchen und T-Shirt, Pelzjacke, hohe Absätze und grosse Sonnenbrillen.

Ihre Marken: Balenciaga, Alaïa, Prada, H & M, Zara.

Was man von ihr lernen kann: «Man sollte niemals der Mode folgen.»

3. Carla Bruni-Sarkozy (*1967)

Ex-Model, Sängerin und «Première Dame» der Franzosen

Die in Turin als Tochter eines Grossindustriellen und einer Konzertpianistin geborene Carla Gilberta Bruni-Tedeschi ist seit ihrer Hochzeit mit dem französischen Staatspräsidenten Nicolas Sarkozy Anfang 2008 eine der mächtigsten unter den sehr schönen Frauen unserer Zeit. Begonnen hat die Karriere der in Paris und der Schweiz aufgewachsenen Frau im Alter von neunzehn Jahren, als sie ihr Studium der Kunst und Architektur abbrach, um Fotomodell zu werden. Als solches brachte Carla Bruni es in den neunziger Jahren zu Weltruhm – sie zierte die Covers praktisch aller wichtigen Magazine und lief auf den Schauen aller grossen Designer dieser Welt. Mit einem Jahressalär von geschätzten 7,5 Millionen Dollar gehörte Carla Bruni zu den gefragtesten und am besten bezahlten

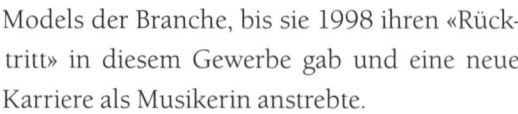

Models der Branche, bis sie 1998 ihren «Rücktritt» in diesem Gewerbe gab und eine neue Karriere als Musikerin anstrebte.

2002 veröffentlichte Carla Bruni, der zwischenzeitlich Affären und Beziehungen mit einem Dutzend berühmter Männer nachgesagt wurden und die einen Sohn (Aurélien) aus einer Beziehung mit dem Philosophen Raphaël Enthoven hat, das französischsprachige Soloalbum «Quelqu'un m'a dit» – die Platte wurde in Frankreich und der Schweiz ein Hit und etablierte die Schöne mit der rauchigen, erotischen Stimme als ernst zu nehmende Künstlerin. 2007 erschien ihr zweites Album, «No Promises». Die beiden prickelnden Platten kamen wohl auch Nicolas Sarkozy zu Ohren, der sich in Carla Bruni verliebte, sich von seiner Frau Cécilia scheiden liess und seine dreizehn Jahre jüngere Flamme am 2. Februar 2008 heiratete. Im Sommer 2008 erschien eine dritte Platte, «Comme si de rien n'était».

An der Seite von Nicolas Sarkozy hat sich das «männermordende» Sexsymbol Carla, zu deren Palmarès unter anderen die Rockstars Eric Clapton oder Mick Jagger gehören, im Nu zur feinen Dame verwandelt. Zeigte sie sich Ende 2007 beim Turteln in Disneyland oder Luxor noch als Casual Girl in Jeans, Lederjacke und Pullover, so erlebte die Weltöffentlichkeit während einer ausgedehnten Staatsvisite in London eine neue Art von Carla Bruni: elegant, klassisch und adrett angezogen, in Kostümen und sorgfältig auf ihre Figur gearbeiteten, wadenlangen Mänteln. Sogar auf ihre geliebten hohen Absätze verzichtete sie ihrem doch erheblich kleineren Gatten zuliebe.

Im «Guardian» war im September 2007 Carla Brunis persönliches Style-Bekenntnis zu lesen. «Seit ich mit sieben Jahren meinen ersten Badeanzug trug, wollte ich, dass meine Kleidung feminin ist. Ich bin nicht der androgyne Typ und bewundere Jane Birkin oder Audrey Hepburn. Sie sind wie ich Frauen, die auch ohne viel Busen gut aussehen.» Das klingt selbstbewusst – allerdings weiss Bruni auch: «Niemand kann dir beibringen, wie man Stil hat – das hat man, oder man hat es nicht.» Als wichtigsten persönlichen Impulsgeber in Sachen Mode bezeichnet Carla Bruni den im Sommer 2008 verstorbenen Couturier Yves Saint Laurent: «Er war der Erste, der Blau und Schwarz kombinierte. Vor ihm galt so etwas als schwerer Fauxpas, aber Saint Laurent hat gezeigt, dass auch Pink und Rot zusammen funktionieren.»

Die amerikanische «Vanity Fair» veröffentlichte im Herbst 2008 ein umfangreiches Porträt über Carla Bruni-Sarkozy, das nicht nur ihre filmreife Vita auf spannende Weise nachzeichnet, sondern auch ihren Stil auf präzise Weise analysiert. Gelobt wird etwa die Konsistenz von Carla Brunis Garderobe: Sie hat ein klares Set von Farben, in denen sie ihre Looks komponiert – dazu gehören Dunkelblau, Grau, Schwarz, Weiss, Denim sowie regelmässig ein Farbtupfer in Fuchsia oder leuchtendem Violett. Es liegt auf der Hand, dass die «neue» Carla Bruni in ihrer Rolle und mit diesem klassischen Chic schon als rechtmässige Erbin grosser Stil-Ikonen wie Prinzessin Diana, Jackie Kennedy oder Audrey Hepburn gehandelt wird. Auch Modejournalistin Hilary Alexander vom Londoner «Telegraph» schwärmte: «Carla ist umwerfend. Sie ist keines dieser künstlichen Size-Zero-Fashion-Victims mit künstlich verlängerten Haaren und aufgespritztem Mund, sondern eine echte Frau aus Fleisch und Blut, warmherzig, humorvoll und emotional.» Nur ganz vereinzelt wurden ihre Auftritte in London auch spöttisch kommentiert: An eine «Provinzkrankenschwester» oder «Vintage-Air-Hostess» erinnernd, nannten andere britische Zeitungen den gedämpft grauen Look.

Den Treueschwüren an ihren lieben Präsidenten zum Trotz: Es ist wahrscheinlich, dass sich Carla Bruni in ihrem Leben noch mehrere Male «verpuppen» und dann für neue Überraschungen sorgen wird. Dennoch darf sie schon heute als Ikone des neuen Jahrtausends gefeiert werden: Sie ist eine «femme libre», selbstsicher, mit Manieren und einer verführerischen Ausstrahlung.

Ihre Selbsteinschätzung: «Die Erfahrung in der Modebranche hat mir gezeigt, dass es besser ist, einen einfachen und klaren Stil zu haben.»

Ihr Look: Von relaxtem Alltags-Outfit in nicht zu engen Jeans, Chucks und Kaschmirpulli bis zum adretten Couture-Kostüm mit knielangem, schmalem Rock oder geraden Hosen. Unverzichtbar: Ballerinas und eine kleine, geometrisch geformte Handtasche.

Ihre Marken: Dior, Yves Saint Laurent, Chanel – Hauptsache, französisch.

Was man von ihr lernen kann: «Sich von Kopf bis Fuss in Designermode zu kleiden, ist lächerlich. Es ist das Gegenteil von modisch. Ein zu perfekt assortierter Hut oder Schuh lässt einen wie einen Weihnachtsbaum aussehen.»

4. Sarah Jessica Parker (*1965)
Schauspielerin

Die Figur der Carrie Bradshaw dürfte für Sarah Jessica Parker aus Nelsonville, Ohio, die Rolle des Lebens gewesen sein: Wie sich die aus «Sex and the City» bekannte Schauspielerin zu Weltruhm hochgespielt hat, ist ein Fall für die Kostümgeschichte. Noch nie zuvor war eine fiktive Fernsehfigur global derart stilwirksam wie die der notorisch Shopping-verrückten und beziehungsgestörten Modekolumnistin.

Sarah wuchs als eines von acht Kindern einer jüdischen Familie auf und stand schon im zarten Alter von acht Jahren zum ersten Mal im Scheinwerferlicht der Fernsehstudios. Später war sie in verschiedenen Rollen in Filmen wie «Ed Wood» mit Johnny Depp oder in «Honeymoon in Vegas» mit Nicolas Cage zu sehen. Doch erst das Engagement in der fast hundertteiligen Fernsehserie «Sex and the City» machte Miss Parker zur weltweit bekannten Persönlichkeit – oder war es doch eher Carrie, die man liebte und kannte? Egal: Vier Golden Globes und einen Emmy, den «Fernseh-Oscar», bekam sie in dieser Rolle – krönender Abschluss dieses durchaus prägenden Karriereabschnitts war 2008 der Kinofilm, der die wichtigsten Charaktere der Kultserie für Frauen noch einmal zusammenbrachte.

Als Carrie hatte Sarah Jessica Parker ein halbes Jahrzehnt lang massgeblichen Einfluss auf das Selbstverständnis, das Shopping-Verhalten und die Marken-Affinität einer Generation von jungen Frauen. Wenn Carrie nach Stilettos von Manolo Blahnik lechzte, tat es der Rest der Welt auch. Sarah war die erste Mode-Ikone des neuen Jahrtausends. Dabei ist sie mit ihrem langen Gesicht und der ausgeprägten Nase alles andere als eine Schönheit klassischer Prägung. 2007 und 2008 wurde sie von den Männerpostillen «Maxim» und «FHM» deshalb mit dem Titel der «unerotischsten Frau der Welt» bedacht. Eine nicht gerade schmeichelhafte Einschätzung für eine Frau, deren Rolle sich doch massgeblich um das Maximieren der eigenen Sexyness mit den Mitteln der Mode drehte.

Derzeit gehört Sarah Jessica Parker noch zu den am besten verdienenden Schauspielerinnen in Hollywood. Es wird aber interessant sein, zu sehen, wie Sarah Jessica Parker, die seit 1997 mit dem Schauspieler Matthew Broderick verheiratet ist und mit ihm einen Sohn hat, die übergrosse Figur der Carrie überwindet. Mit dieser eindeutigen Identifizierung dürfte sie für einige Zeit nicht für gänzlich andere Rollen in Frage kommen – es sei denn, ein Quentin Tarantino erbarmt sich ihrer und erfindet sie komplett neu, wie er das seinerzeit auch mit John Travolta gemacht hat.

Ihre Selbsteinschätzung: «Als Carrie Bradshaw tue ich viele Dinge sehr überzeugend, die ich in Wirklichkeit nie tun würde. So habe ich in meinem Leben vielleicht erst eine einzige Zigarette geraucht.» («Der Spiegel»)

Ihr Look: Fashion-Junkie-like mit Hang zum Überbordenden (als Film-Figur Carrie); im realen Leben klassischer Chic, der stärker zum Rock als zur Hose tendiert.

Ihre Marken: Manolo Blahnik, Christian Dior, Nina Ricci, Oscar de la Renta, Chanel, Gap.

Was man von ihr lernen kann: Dass Shopping psycho-
hygienische Funktionen hat – und wie wichtig Schuhe für
den ganzen Look sind.

5. Anna Wintour (*1949)
Chefredaktorin der amerikanischen «Vogue»

Es gibt keine, die in der Modewelt mehr gefürchtet – und
verehrt! – wird als Anna Wintour, die in Anspielung an
ihre Position auch «Nuclear» Wintour genannt wird. Sie ist
seit zwanzig Jahren Chefredaktorin der US-ameri-
kanischen Ausgabe der «Vogue». Ihre journalis-
tische Laufbahn war angesichts ihrer Eltern
wohl vorprogrammiert: Anna Wintours Vater
war Journalist beim «Evening Standard»
und mit der Tochter eines Jura-Professors
verheiratet. Als diese Ehe 1979 scheiterte,
bekam Anna ein Stiefmutter, die ebenfalls
Journalistin war und unter anderem die
Magazine «Honey» und «Petticoat» ge-
gründet hatte.

Ihre eigene Karriere begann
Anna Wintour, die zuvor eine De-
tailhandelsausbildung bei Harrod's
in London absolviert hatte, 1970 bei
«Harper's Bazaar», wo zuvor schon
Ikonen wie Diana Vreeland zu Weltruhm gekommen wa-
ren. 1986 wechselte sie als Mitarbeiterin zur englischen
«Vogue», 1987 zu «House and Garden». Nur ein Jahr spä-
ter wurde sie von den Oberen im mächtigen Condé-Nast-
Verlag zur Chefredaktorin der amerikanischen «Vogue»

berufen, wo sie seither ein unangefochtenes Stil-Regime etabliert hat.

Anna Wintour wird vieles nachgesagt – einiges davon wird von ihr gezielt zur Legendenbildung gestreut sein, nur wenig lässt sich bisher tatsächlich verifizieren. Aber glaubt man den Erzählungen von Menschen, die mit ihr gearbeitet haben oder sonst wie beruflich konfrontiert waren, dann ist sie eine der unerbittlichsten, härtesten und forderndsten Frauen des Modebusiness. Als solche wurde die stets makellos frisierte und gekleidete Frau mit dem typischen Bob und der grossen Sonnenbrille auch in «The Devil Wears Prada» karikiert. Der Film basiert bekanntlich auf einem Buch, in dem Wintours Ex-Assistentin Lauren Weisberger ihre Erlebnisse im Vorzimmer der Powerfrau verarbeitete.

Objektiv betrachtet ist Anna Wintour tatsächlich eine der einflussreichsten Frauen der Modewelt – allein die Leserzahlen der US-«Vogue» mit geschätzten zwei Millionen Lesern dürfte dafür ein hinreichendes Indiz sein. Wo die Wintour aufkreuzt, herrscht nervöse Anspannung – wenn sie denn kommt! Wenn sie bis zum Schluss bleibt, ist das schon fast ein Adelsschlag, und wenn sie gar auch nur freundlich nickt, ist das so etwas wie die Absolution. Wer auf ihre Unterstützung zählen kann – etwa John Galliano, Michael Kors oder Zac Pose –, wird zum Star der Mode, wen sie mit Nichtbeachtung straft, kaut das harte Brot des Outlaws.

Amüsant ist übrigens, dass sich Anna Wintour nicht nur als kommerzieller Mode-Seismograf einen Namen gemacht hat, sondern sich an ihrer Person auch die Relevanz einer ganzen Reihe von Kolleginnen messen lässt. Wer bei den Modenschauen möglichst nahe an der Wintour (in der ersten Reihe) sitzt, gilt als bedeutend. Wer es aber wagt, sie zu berühren, wird zum Aussätzigen. Der Schreibende dieser Zeilen hat es einmal versucht und ihr im Getümmel einer Chanel-Schau vermeintlich galant (wohl etwas zu servil!) den Weg gebahnt. Er wurde aber trotz einer kurzen Berührung an der Schulter nicht vom Blitz getroffen und zerfiel auch nicht augenblicklich zu Asche.

Privat ist wenig über Anna Wintour bekannt: Angeblich steht sie jeden Morgen um halb sechs Uhr auf, um Tennis zu spielen und sich nach der darauf folgenden Dusche von einem persönlichen Stylingteam frisieren und einkleiden zu lassen. Aktenkundig ist immerhin, dass sie 1984 den Kinderpsychologen David Shaffer heiratete und mit ihm zwei Kinder hat. Nach fünfzehn Jahren liess sich das Paar allerdings scheiden.

Anna Wintour trägt selbstverständlich ausschliesslich die Kreationen der gerade angesagten Designer – sehr gerne Prada, aber auch Kreationen von Chanel oder Dior. Und viel Pelz, und zwar ohne jeden Skrupel. Als eine Tierschutzaktivistin ihr bei einem Dinner einmal einen gehäuteten Waschbären auf den Teller warf, deckte Anna den vor ihr liegenden Kadaver, ohne mit der Wimper zu zucken, mit ihrer Serviette zu und orderte einen starken Espresso.

Ihre Selbsteinschätzung: «Angesichts der akademischen Erfolge meiner Geschwister fühlte ich mich wie eine Versagerin. Sie waren superschlau, also arbeitete ich daran, dekorativ auszusehen.» («Vanity Fair»)

Ihr Look: Stiftrock, Highheels und Twinset, dazu etwas Schmuck und ein massgefertigtes Drei-Viertel-Mäntelchen. Unverzichtbar auch die grosse schwarze Sonnenbrille.

Ihre Marken: Prada, Chanel, Giorgio Armani, Marc Jacobs.

Was man von ihr lernen kann: «Tragen Sie niemals Strumpfhosen!»

6. Uma Thurman (*1970)
Schauspielerin und Model

Uma ist der Name der indischen Göttin des Lichtes – da liegt es also nahe, dass Uma Karuna Thurman, als Tochter eines schwedischen Fotomodells in Boston, Massachusetts, geboren, ins Rampenlicht und in die Schauspielerei drängte. Der grosse Coup gelang ihr 1994 als sexy Gangsterbraut Mia in Quentin Tarantinos Film «Pulp Fiction» (an der Seite von John Travolta). Mit Tarantino drehte Uma Thurman 2003 auch den zweiteiligen Actionfilm «Kill Bill», in dem sie in einem gelben Catsuit japanische Schwerter schwingt, dass die Köpfe nur so rollen.

Die Credibility, die sich Uma Thurman durch diese «harten» Rollen erarbeitete, ihre Glaubwürdikeit also, macht sie zu einem interessanten Werbeträger für die Luxusgüterindustrie, die darin ein Sinnbild für die unabhängige, selbstbestimmte Frau sieht. Louis Vuitton und die Kosmetikfirma Lancôme engagierten die kühle Schönheit für ihre Kampagnen. Allerdings muss Uma in diesen Rollen aufpassen, auf Dauer nicht nur als Schönheit vom Dienst wahrgenommen zu werden, sondern sich auch als Schauspielerin immer wieder Respekt zu verschaffen. Schliesslich sind ihr im Buhlen um die Trophäe als Schönste von Hollywood jüngere Kolleginnen wie Keira Knightley schon sehr dicht auf den Fersen.

Mindestens so interessant wie Umas beruflicher Werdegang als Model und Schauspielerin ist ihr familiäres Umfeld: Ihre Grossmutter Birgit Holmquist stand dem Bildhauer Axel Ebbe für die seit 1930 an der Hafenpromenade von Trelleborg stehende Statue namens «Die Umarmung» Modell. Aus deren Ehe mit dem deutschen Adligen Friedrich Karl Johannes von Schlebrügge entsprang Umas Mutter Nena, die 1964 in erster Ehe mit dem amerikanischen Drogen-Propheten Timothy Leary verheiratet war, der Uma Thurmans Pate ist. Später heiratete Mutter von Schlebrügge Robert Thurman, einen Professor für buddhistische Studien an der Columbia University – daher die ungewöhnlichen Vornamen der gemeinsamen Tochter. Selbst war Uma Thurman Anfang der neunziger Jahre für kurze Zeit mit dem Schauspieler Gary Oldman verheiratet. 1998 ehelichte sie Ethan Hawke, ebenfalls ein Hollywood-Markenzeichen, mit dem sie zwei Kinder hat. Die Ehe wurde in der Zwischenzeit bereits wieder geschieden.

«Ihre Selbsteinschätzung: Selbst wenn mir Leute heute sagen, dass ich schön bin, glaube ich ihnen kein Wort.» («Vanity Fair»)

Ihr Look: Im Alltag äusserlich unspektakulär und ziemlich casual, mit Turnschuhen oder gut geschnittenen Jeans; abends glamourös in grossen Roben. Unvergessen etwa das halbtransparente Nichts von Valentino bei «Fashion Rocks» im Herbst 2007.

Ihre Marken: Versace, Chanel, Christian Lacroix, Louis Vuitton, Onitsuka Tiger.

Was man von ihr lernen kann: Immer schön ernst dreinschauen – man sieht auf Fotos noch sexyer aus, als wenn man laut lacht.

7. Chloë Sevigny (*1974)
Model und Schauspielerin

Eine der erstaunlichen Erkenntnisse der Stilgeschichte ist es, dass es nicht nur früher klassische «socialites» gab, die durch nichts als ihre physische Präsenz an Partys für Aufsehen sorgten, sondern dass es diese Gattung auch heute noch gibt. Es gibt heute sogar mehr denn je davon, und eine der interessanteren dieser gut aussehenden und gestylten Taugenichtse ist ohne Zweifel Chloë Sevigny.

Früh zog es Chloë Sevigny in die Schauspielerei – der Weg führte, wie so oft, über Manhattan und Gelegenheitsjobs als Model. So stand sie für den schwedischen Modekonzern Hennes & Mauritz vor der Kamera oder liess sich für die Kollektion der Sonic-Youth-Frontfrau Kim Gordon in Szene setzen. Parallel jobbte sie als Jungredaktorin für das

Teenie-Magazin «Sassy». Auf der Leinwand debütierte Chloë Sevigny im Skandalfilm «Kids» (1995) von Larry Clark. Einen Skandal provozierte sie auch in «The Brown Bunny» (2003), weil sie darin in einer ausführlichen und relativ deutlichen Fellatioszene mit ihrem damaligen Freund Vincent Gallo zu sehen ist. Mit der Rolle eines scheuen Bücherwurms in David Finchers Film «Zodiac» bügelte sie diesen kleinen Karriereknicks wieder halbwegs aus.

Ob auf den Knien herumrutschend oder auf eigenen Beinen stehend: Chloë liebt die gepflegte Provokation. Und so kleidet sich das New Yorker It-Girl, das inzwischen eine East-Coast-Ikone geworden ist, auch: Sie liebt den gekonnten Stilbruch, kombiniert Abendkleider zu Sportjacken oder trägt mit aller Coolness auch superkurze Röcke – vorläufig hat sie ja noch die Beine dafür.

Ihre Selbsteinschätzung: «Die Leute meinen offenbar, ich sehe intelligent aus. Eine glamouröse Frau habe ich bisher in keinem Film gespielt. In Hollywood gelte ich eben nicht als schön, also wird mir diese Rolle nicht angeboten.» («Frankfurter Allgemeine Zeitung»)

Ihr Look: Eklektisch und experimentell, bunt und sexy – Chloë hat keine Angst davor, dass ihr die Modekritiker der Welt auch mal gehörig ans Bein pinkeln, und wagt stets Neues, teilweise auch Eigenartiges!

Ihre Marken: Miu Miu, Opening Ceremony, Luella, Chloé, Burberry, Gepäck von Sponsor Samsonite.

Was man von ihr lernen kann: «Ich sehe relativ gewöhnlich aus. Aber indem ich ein verrücktes Outfit anziehe, wirke ich nicht so langweilig und normal.» («Surface Magazine»)

8. Madonna (*1958)
Sängerin und Performerin

Es stimmt wohl, wenn Madonna sagt: «Es gibt passive Schönheiten auf dieser Welt, ich aber musste kämpfen für meine Ziele, meine Kraft, für meinen Körper.» Es gibt böse Zungen, die sagen, dass man ebendiesem Körper nun langsam die Spuren von über 25 Jahren Kampf ansehen würde. So stänkerte etwa die deutsche Moderatorin und Autorin Charlotte Roche gegenüber dem «Spiegel», dass «diese Frau für mich kein Vorbild sein kann, weil sie sich weigert zu altern» und es «etwas Erbärmliches» habe, sich derart an die Jugend zu klammern.

Doch eine solche Kritik wird dem unglaublichen Willen und der enormen Leistung der Madonna Louise Ciccone nicht gerecht. Denn es ist eben genau diese Beharrlichkeit und dieser zähe Kampfgeist, der die Pop-Ikone der achtziger Jahre heute noch spannend macht: Dass sie sich derart gegen den normalen Gang der Dinge stemmt und mit über fünfzig Jahren noch die Charts dominieren will, wo sich inzwischen Mitbewerber tummeln, die Madonnas erste Erfolge nur vom Hörensagen kennen, weil sie damals noch gar nicht geboren waren.

Madonna ist ein mediales und kulturelles Phänomen ohnegleichen – es gibt in der Geschichte der Popkultur einfach nichts und niemanden, der es mit der 1958 in Bay City, Michigan, geborenen Sängerin, Tänzerin, Performerin und zeitweiligen Schauspielerin aufnehmen kann. «Ich folge meinem Instinkt, wie ein Tier», versprach Madonna der britischen Musikzeitschrift «Smash Hits» bereits 1987 – daran hat sich auch nach über zwanzig Jahren nichts geändert. Madonna spielt Keyboard, Schlagzeug und Gitarre – und sie singt, wenn auch nicht überragend gut, dann doch mit Verve.

Mehr als ihre Musik jedoch wird die medial inszenierte Figur der Madonna in die Geschichte eingehen: ihr akribisch inszeniertes Image, das sich stets aus einem Schuss Sex, perfekt gestylten Videos und topaktuellen Outfits zusammensetzt. Unerreicht sind ihre dutzendfachen Verwandlungen, von der blonden Sirene zur düsteren Domina, von der dunklen Latina über die melancholische «Evita» zur eiskalten Diva und schliesslich zur gestählten Fitness-Ikone, die mit ihren Oberschenkeln Nüsse knacken könnte.

Das «Ereignis» Madonna funktionierte immer über die Mode: sei es über die spitzbrüstigen Corsagen von Jean Paul Gaultier anno 1990, die von ihr selbst entworfenen Teile 2007 bei H & M oder die Outfits der jüngsten «Sweet & Sticky»-Tour von Riccardo Tisci für Givenchy. Ihren Musikstil hat sie, wie die Wahl ihrer Garderobe, immer wieder dem Zeitgeist angeglichen. Offenbar eine lohnende Konzeption, denn laut «Forbes» war Madonna 2007 eine der drei am besten verdienenden Showgrössen der USA und nahm geschätzte 72 Millionen Dollar ein. Kein Wunder, stänkerte der nicht annähernd so erfolgreiche Ex-Sänger Boy George, auch ein Kind der achtziger Jahre, gegenüber dem «Evening Standard»: «Madonna ist eine lebende Registrierkasse.» Etwas differenzierter und neidfreier die Analyse des deutschen Modemachers Michael Michalsky in der «Stuttgarter Zeitung»: «Die kann nicht eine Sache supergut, sondern ganz viele Sachen gut genug.» So kann man das tatsächlich auch sagen.

Ihre Selbsteinschätzung: «Ich bin nicht die Besitzerin meines Talents, sondern nur der Manager. Ein anderer Teil ist meine Neugierde an der Welt und dass ich ständig neue Dinge lernen möchte und mich mit Menschen umgebe, von denen ich glaube, dass sie gewisse Dinge besser können als ich.» («WAZ-Online»)

Ihr Look: Privat neuerdings ganz die klassische Lady mit knielangen Bleistiftröcken und kurzen Kostümjacken.

Ihre Marken: Jean Paul Gaultier, Givenchy, Dolce & Gabbana, Chanel.

Was man von ihr lernen kann: Wie wichtig es als öffentliches Wesen ist, sich selbst immer wieder neu zu erfinden. Ganz egal, was das exakte biologische Alter sein mag.

9. Kate Moss (*1974)
Topmodel

Hier ist sie: die Frau, die in den neunziger Jahren und Anfang des neuen Jahrtausends die meisten Rollen gespielt hat und doch immer sich selbst geblieben ist – Kate Ann Moss, Anfang Januar 1974 im englischen Croydon, südlich von London, geboren. Sie ist die Tochter einer früheren Boutiqueninhaberin und eines Luftfahrtbediensteten, so liest man, und erlebte eine recht durchschnittliche Kindheit, die wie so viele geprägt war von der Scheidung ihrer Eltern, als sie dreizehn war. Die Folgen waren die üblichen: schlechte Noten und anderen Ärger in der Schule. Kate schwänzte, trank und rauchte lieber, als die Schulbank zu drücken, wie es in einer 2008 vom Autor Brandon Hurst verfassten Biografie namens «Kate Moss. Sex, Drugs and a Rock Chick» heisst.

Doch die Trübsal dauerte nicht sehr lange, denn schon ein Jahr später wurde der schlanke, sportliche Teenager am New Yorker John-F.-Kennedy-Flughafen von einer Modelagentin entdeckt und unter Vertrag genommen. Sarah Doukas, Gründerin der Modelagentur Storm, sah in dem jungen Mädchen mit der zierlichen Figur die Verkörperung eines neuen Ideals und brachte Kate Moss mit Erfolg in einer grossen Wäschekampagne für Calvin Klein unter. Die Weltöffentlichkeit regte sich wie geplant auf: Mit einem Gewicht von 43 Kilo (bei einer Grösse von 1,70 Metern) war Kate natürlich provozierend dünn. Kritiker fürchteten um den schädigenden Einfluss dieser Darstellungen auf das Körperempfinden anderer Jugendlicher – der sich tatsächlich wenig später auch zeigen sollte. Kate Moss war – unfreiwillig – sicher eine der frühen Ikonen rund um die Size-Zero-Hysterie, also jene Debatte um ultraschmale Kleidergrössen jenseits von Grösse 36, die später die Modewelt erfassen sollte.

Inzwischen ist Kate Moss, sechs Kilo schwerer und ein paar Erfahrungen reicher, selbst eines der Supermodels geworden, gegen die sie in den frühen neunziger Jahren angetreten war. Statt Kurven bot sie Knochen, statt Glamour gab es gepflegte Tristesse. Bis heute arbeitet Kate Moss hart daran, das Image als «Rock-Chick» aufrechtzuerhalten, sei es mit entsprechenden redaktionellen Auftritten oder der mediengerechten Inszenierung ihrer On/Off-Beziehung zu den Bad Boys des englischen Independent Rock. Davor war Kate Moss mit dem männlichen Stil-Helden Johnny Depp liiert oder mit dem englischen Journalisten Jefferson Hack, Verleger von «Dazed & Confused» und Vater ihrer 2002 geborenen Tochter Lila Grace. Inzwischen scheint Kate Moss im Wesentlichen polygam und polysexuell zu leben – laut nicht näher benannten Quellen in Hursts nicht autorisierter Biografie nimmt sich das Topmodel auch gerne mal eine oder mehrere Frauen gleichzeitig zur Brust.

Zum Konzept Kate Moss gehört auch eine öffentlich gelebte Drogenkarriere. Bereits 1998 weilte sie in einer Entzugsklinik, was freilich wenig nützte, denn Kate tauchte spätestens 2005 wieder als kokainschnupfende Partynudel auf Fotos im Internet und auf einem Video auf, das dem «Daily Mirror» zugespielt wurde. In einem Interview sagte sie zudem, dass «eine Diät aus Champagner, Wodka und Drogen die einzige Möglichkeit sei, mit der nichtssagenden Welt der Mode fertig zu werden». H & M, Burberry oder der Kosmetikhersteller Rimmel kündigten im Zuge der weltweiten Empörung die Werbeverträge mit Kate Moss, Karl Lagerfeld von Chanel distanzierte sich öffentlich von ihr, doch schon Monate später war die eigensinnige Britin wieder in sämtlichen relevanten Werbekampagnen zu sehen. Mit diesen Bildern verdient sie laut «News of the World» rund zwanzig Millionen britische Pfund im Jahr. Auf den internationalen Laufstegen sah und sieht man Kate Moss dagegen kaum – sie ist im Vergleich zu den heute üblichen, osteuropäischen Gazellen schlicht zu klein und unscheinbar.

Über Kate Moss' Stil wurde vieles publiziert, zuletzt das Buch «Kate Moss Style» (2007, Random House) von Angela Buttolph, in dem die Autorin einen autorisierten Blick in den Kleiderschrank des Topmodels wirft. Mitgearbeitet haben etwa Karl Lagerfeld, Tom Ford, Manolo Blahnik, Donna Karan, Domenico Dolce und Stefano Gabbana, Matthew Williamson oder Marc Jacobs. Die Autorin, die als Journalistin während fünfzehn Jahren über Kate Moss berichtet hat, versteht ihr Buch als Antwort auf die Frage, was eine moderne Stil-Ikone ausmacht. «Ich glaube, dass Kates Stil sehr einzigartig ist. Sie folgt keinen Trends und hat diesbezüglich gar eine kleine Obsession entwickelt. Kates Look ist ein brillantes Beispiel für etwas, das sehr inspirierend und dennoch nachvollziehbar ist», schreibt Buttolph.

Auch die deutsche «Vogue» hat versucht, ihren Leserinnen das Stilprinzip von Kate Moss zu erklären: «Ihr typisches Outfit besteht aus einer engen Röhrenhose, kombiniert mit luftigen Kaftanen, weiten Tops oder lässigen Capes, die das Dekolleté voller und die Hüften weicher wirken lassen. Darüber schlingt sie einen Gürtel, der den XL-Effekt reduziert und ihre schmale Silhouette betont», ist da etwa zu lesen.

Im «Sunday Time Style Magazine» hat Moss unlängst selbst in einem ihrer extrem seltenen Interviews Aufschluss über ihren Stil gegeben. «Ich liebe es, auf Flohmärkten einzukaufen und meine Schätze zusammenzusuchen», sagt Moss. «Ich sehe dann oft Dinge, die andere Leute offenbar übersehen haben. Wahrscheinlich habe ich eine Art Radar für das Neue. So hatte ich vor einiger

Zeit Lust, wieder Leggings zu tragen – kurz darauf waren Leggings auf allen Laufstegen.»

Das Online-Portal eHow.com glaubt, das Rätsel gelöst zu haben, und präsentiert den «Kate-Moss-Look in sechs Schritten»:

1. Etwas Lidschatten ist essenziell – Kate trägt öffentlich immer etwas Make-up. Den Mascara nicht vergessen!
2. Besuchen Sie verschiedene Läden und mischen Sie moderne Designerstücke mit Fundstücken vom Flohmarkt. Eine Lederjacke ist wichtig!
3. Tragen Sie Ihre Kleider in Schichten. Stecken Sie Ihre Jeans in die Stiefel. Tragen Sie ein Kleid über die Hosen.
4. Mischen Sie das alles mit etwas extrem Ordentlichen und Adretten.
5. Finden Sie das perfekte Kleid – lang und fliessend oder kurz und süss.
6. Kaufen Sie ein Paar Teile von Kate Moss' eigener Modelinie bei Topshop, die viele von Kates persönlichen Favoriten enthält.

Hmm. Ob das auch wirklich so einfach ist?

Ihre Selbsteinschätzung: «Ich folge keinen Trends, sondern schmeisse einfach alles zusammen, was ich habe oder finde.» («The Guardian»)

Ihr Look: Cool Casual – Flohmarkt trifft High Fashion.

Ihre Marken: Topshop, American Apparel, Burberry, Roland Mouret.

Was man von ihr lernen kann: Einen eigenen Stil gibts leider nicht «ab Stange».

10. Aerin Lauder-Zinterhofer (*1970)

Kosmetik-Unternehmerin

Die «perfect lady» kommt nicht so rasch aus der Mode. Und für Millionen von amerikanischen Frauen ist sie die Verkörperung der klassischen, femininen Eleganz schlechthin: Aerin Rebecca Lauder-Zinterhofer, Tochter von Ronald S. Lauder und Lieblings-Enkelin der milliardenschweren Kosmetik-Pionierin Estée Lauder.

1991, nach einem Studium in Kommunikation, stieg Aerin in das Familienunternehmen ein und bekam die Verantwortung für den Bereich Marketing, später auch für die Produktentwicklung. 1996 heiratete sie ihren Jugendfreund, den Banker Eric Zinterhofer, mit dem sie zwei Söhne hat. 2001 wurde sie zur Vizepräsidentin des Kosmetik-Weltkonzerns berufen.

Inzwischen geht Aerin Lauder auf die vierzig zu und sieht dabei so blendend wie immer aus - eine bessere Werbeträgerin für seine Anti-Aging-Produkte kann sich eine Firma wie Estée Lauder nicht wünschen. Das US-Magazin «Forbes» nannte Aerin eine der zehn schönsten Milliardärstöchter weltweit. Dass Paris Hilton in selbiger Liste den ersten Rang belegte, schmälert nicht so sehr Aerins Credibility als die der Publikation, welche sie druckte.

Aerin Lauder-Zinterhofer lebt das Leben eines klassischen «Uptown-Girls» – ein grosszügiges Apartment an der Park Avenue in New York, darin grosse begehbare Kleiderschränke, wie sie «Harper's Bazaar» verriet: «Mein Zimmer ist gleichzeitig Kleiderschrank, Anziehzimmer und Heimbüro.» In den Regalen findet sich eine «wohl durchdachte Auswahl von weiblichen Klassikern, die unangestrengt chic sind», so der Bericht über den Besuch in Aerins privaten Gemächern. Und ihr Freund und Bewunderer Michael Kors sagt über sie: «Aerin führt die Tradition der grossen amerikanischen Stil-Ikonen wie C. Z. Guest oder Jackie O. fort.»

Ihre Selbsteinschätzung: «Mein Stil ist recht traditionell. Mir ist es wichtig, feminin auszusehen. Aber ich engagiere keinen persönlichen Stylisten, denn ich weiss ja, was ich mag und was mir steht. Wenn ich in einem Magazin etwas sehe, das mir gefällt, reisse ich die Seite heraus. Meistens rufe ich dann beim Hersteller an und frage, ob das Stück im nächsten Geschäft vorrätig ist.» («Harper's Bazaar»)

Ihr Look: Klassisch feminin und unauffällig, aber extrem qualitätsbewusst.

Ihre Marken: Chloé, Calvin Klein, Yves Saint Laurent, Marc Jacobs, Hermès, Michael Kors, Manolo Blahnik, Christian Louboutin.

Was man von ihr lernen kann: Stil ist eine vererbbare Grösse – schon Aerins Mutter sowie ihre Grossmutter, Estée Lauder, zählten zu den am besten gekleideten Frauen ihrer Zeit.

Die Stil-Watchlist

Von diesen zehn Frauen erwarten wir in den kommenden Jahren eine gesteigerte Stilrelevanz:

1. Liv Tyler (*1977)
Die vollen Lippen, die Liv von ihrem Vater Steven Tyler (Aerosmith) geerbt hat, sind ihr Markenzeichen. Doch genauso macht die schöne Schauspielerin durch einen temperierten, modernen Stil von sich reden.

2. Anne Hathaway (*1982)
Die Hauptrolle als junge Praktikantin in «The Devil Wears Prada» prädestinierte die rehäugige Brünette von Anfang an als eine, die im Bereich der Mode und des Stils von sich reden macht.

3. Lou Doillon (*1982)
Die dritte Tochter von Jane Birkin tritt ganz selbstverständlich in die Fussstapfen der französischen «Stilfürsten-Familie» der Birkins, Gainsbourgs und Co. – mit diesen Genen schon fast unvermeidlich.

4. Keira Knightley (*1985)
Die dunkle Britin gehört seit «Pirates of the Caribbean» zu den gefragtesten Nachwuchstalenten und ist ausserdem ein gefragtes Modell – ein paar Pfunde mehr würden der dürren Schönheit aber gut stehen.

5. Halle Berry (*1966)

Einst Schönheitskönigin und Modell, dann Schauspielerin – die afroamerikanische Actrice und Oscar-Preisträgerin begeht den roten Teppich genauso souverän wie die Bretter, die die Welt bedeuten.

6. Agyness Deyn (*1983)

Seinen Namen aus numerologischen Gründen von Laura Hollins zu Agyness Deyn zu verändern, ist eigentlich ganz schön prätentiös. Aber wer als platinblondes Model so cool das junge England verkörpert und als «das nächste Supermodel» gehandelt wird, soll auch das dürfen.

7. Daria Werbowy (*1983)

Das in Polen geborene und in Kanada aufgewachsene Topmodel gehört mit seiner ätherischen, entrückten Ausstrahlung zu den schönsten Gesichtern der Welt – es ist schon jetzt Millionen wert.

8. Kate Middleton (*1982)

Es geschieht nur alle paar Generationen, dass eine junge Frau aus vergleichsweise einfachen familiären Verhältnissen zur Traumprinzessin des britischen Hofs avanciert. Prinz Williams Freundin hätte es verdient, denn sie weiss schon jetzt, was sich (modisch) für eine Dame gehört.

9. Julia Restoin-Roitfeld (*1981)

Die Tochter von «Vogue»-Chefredaktorin Carine Roitfeld ist eines der neuen It-Girls der Modebranche und hat dank ihrer familiären Bande direkten Zugang zu den Stil-Multiplikatoren der Welt.

10. Cosma Shiva Hagen (*1981)

Berühmte Mütter sind nicht automatisch, aber oft eine gesunde Hypothek. Cosma Shiva Hagen, Tochter von Punkrockerin Nina Hagen, wurde vom Magazin «Bunte» zur schönsten Deutschen des Jahres 2008 gewählt – noch vor Topmodel Julia Stegner.

Die Anti-Ikonen
des Stils

Weltberühmte Frauen, die garantiert nicht zum Stil-Vorbild taugen:

Gwen Stefani (*1969)

Das, was die platinblonde Sängerin mit der melancholischen Quengelstimme als Frontfrau von No Doubt leistete, war neu und spannend. Auch waren einige der späteren Looks und Kompositionen prickelnd. Doch für ein Stil-Vorbild ist die zweifache Mutter stets einen Tick zu ambitioniert kostümiert – oder wie die zynische Website «Go Fug Yourself» auch sagt: «Gwen ist zu einer billigen Halloween-Version von sich selbst geworden.»

Paris Hilton (*1981)

Man muss dieser jungen Frau, Miterbin des Hilton-Imperiums, einen guten Geschäftssinn, einen zuverlässigen Riecher für die Bedürfnisse der Boulevardpresse und eine bemerkenswerte Resistenz gegenüber Kritik attestieren. Ihr durch und durch inszeniertes Leben bestätigt die These des Kabarettisten Werner Kroll: «Ist der Ruf mal gründlich ramponiert, lebt sichs gänzlich ungeniert.» Und es ist wohl wahr: Wozu denn überhaupt Unterhöschen tragen? Die sind bei Paris' Lebensstil doch sowieso nur im Weg.

Victoria Beckham (*1974)

«Posh» Beckham versucht mit einer derart angestrengten Frisuren- und Kostümgewalt, sich Respekt als Fashion-Ikone zu verschaffen, dass einen das Bemühen schon fast peinlich anrührt. Doch es hilft alles nichts: Die berühmte Fussballergattin ist und bleibt nicht mehr als eine mit den teuersten Marken ausstaffierte Anziehpuppe, die nicht den kleinsten Hauch von Humor oder selbstironischer Reflexion zu haben scheint. Ausserdem trägt sie konsequent die schrecklichsten Schuhe der Welt!

Heidi Klum (*1973)

Die schneidende Stimme der krampfhaft gut gelaunten Superblondine aus Bergisch-Gladbach ist dem eines anderen deutschen Exportschlagers ähnlich: dem einer Bosch-Kreissäge. Die schiere Menge ihrer Sponsoringpartner lässt die multimediale Beauty-Grossverdienerin nicht glaubwürdiger wirken, sondern als komplett ausverkaufte Haut erscheinen. Ein sicherer Grund, keine Casting-Shows zu schauen.

Liz Hurley (*1965)

Man sagt von Lizzie, dass sie eine ganz Nette, Geerdete und Coole ist, mit der man Pferde stehlen kann – ein gutes, grossherziges britisches Mädchen mit Bodenhaftung. Seltsam ist nur, dass diese Erzählungen so ganz und gar nicht mit Frau Hurleys Look korrespondieren, der eher an ein gequält nach Anerkennung ringendes, geschmacklich wankelmütiges und recht ordinäres Vorstadt-Püppchen mahnt.

Pamela Anderson (*1967)

Dafür, wie Pam ihren umfangreich verbastelten Körper zum Lebensinhalt gemacht und der zuvor anonymen «poupée gonflable» ein Gesicht gegeben hat, gebührt ihr Respekt. Generationen von pubertierenden Jungs haben sich an dieser Projektion gerieben – zuweilen wortwörtlich. Doch wer sich mit fast vierzig Jahren noch immer konsequent wie ein Porno-Starlet kleidet und fünfzehn Zentimeter hohe Plexiglas-Absätze trägt, kann nun wirklich nicht mit einem Eintrag in die Ruhmeshallen der Eleganz rechnen.

Christina Aguilera (*1980)

An der Stimmgewalt dieser Dame gibt es ebenso wenig zu rütteln wie an jener der zwei nachfolgenden Nominierungen – Singen können die Pop-Diven allesamt. Doch muss es einen geheimnisvollen Zusammenhang zwischen dem Potenzial zur Intonierung von Oktaven und dem Hang zu billiger Garderobe geben: Je mehr stimmlich drinliegt, umso tiefer sinkt das textile Niveau. Die Aguilera hat sich, dem Vorbild Madonna entsprechend, schon zahlreichen Image-Korrekturen unterworfen. Hängen bleibt davon aber leider nichts.

Mariah Carey (*1970)

Also das ist nun wirklich hohe Kunst der Konservierung: Die Art und Weise, wie die Chirurgen das Singvögelchen Mariah bisher vor dem leiblichen Zerfall bewahrt haben, muss die altägyptischen Spezialisten der Mumifizierung posthum erblassen lassen. Leider geht die aufwendige Dauer-Renovation des kurvenreichen Körpers aber derart ins Geld, dass nur sehr wenig Budget für elegante Garderobe bleibt. Die paar zu klein geratenen Stretch-Fummel von der Erotik-Resterampe müssen genügen. Ungeschlagen allerdings: die Stimme, die fünf Oktaven umspannt!

Beyoncé Knowles (*1981)

Bei Tina Turner war die Idee noch neu: Eine dunkelhäutige Frau spielt in Silberfolie gewickelt die Naschpraline. Aber bei Beyoncé sieht das alles nur wie ein Abklatsch aus. Mal ist sie der sexy R-&-B-Vamp, dann das «girl next door» und plötzlich doch die rebellische Soul-Lady – aber welche dieser Rollen entspricht denn der «echten» Beyoncé? Wir konstatieren, dass diese Rolle im Zuge der vielen ausgedachten und übertriebenen Figuren völlig untergeht.

Stil ist keine Frage
des Alters

Es ist beruhigend, zu sehen, dass sich die westliche Kultur nach fünfzig Jahren des euphorischen Jugendlichkeitswahns nun wieder der ganzen Bandbreite und Komplexität des menschlichen Wesens zuwendet und andere als nur blutjunge Stil-Vorbilder entdeckt. Man darf wieder mit einiger Gelassenheit vierzig oder auch fünfzig, ja sogar sechzig Jahre alt werden, ohne gleich als «Alteisen» ausgemustert zu werden. Man schaue sich nur die noch immer höchst vitalen Pop-Ikonen wie Madonna, Tina Turner oder Diana Ross an. Sie strahlen ein neues Verständnis von Älterwerden und Alter aus, jenes des privilegierten Lebensabschnitts von Genuss und Freiheit. Sie sind nicht passive Pensionärinnen, sondern konsumieren, reisen und beteiligen sich aktiv am kulturellen und politischen Geschehen.

Die «neuen Alten» sind nicht etwa eine willkürliche Laune des Zeitgeistes, sondern eine Folge der demografischen Veränderungen in der Bevölkerung. Die einstigen Babyboomer haben das, was man einst als «die besten Jahre» bezeichnete, lange hinter sich und kommen in den Ruhestand. Man nennt sie deshalb jetzt «Best Agers» oder «Generation Gold». Die nachrückenden Generationen sind, zumindest in den hoch entwickelten Gesellschaften, weitaus weniger geburtenstark. Jugend wird also zur Minderheit, ihre kulturelle Relevanz nimmt umgekehrt proportional zum Einfluss der «neuen Alten» ab.

Das beeinflusst auch die Mode: Sie wendet sich in den letzten Jahren verstärkt den lange vernachlässigten «Best Agers» zu, welche zu den anspruchsvollsten und kaufkräftigsten Konsumenten gehören. Mit dieser Zuwendung kommen andere modische Ideale und Bilder auf – die von vierzig-, fünfzig- oder auch sechzigjährigen Menschen, die gesund, fit, in Form und lebenslustig sind.

Das ist vielleicht die schönste Form der Demokratisierung der Mode: Man kann heute ganz entspannt nicht jung sein und trotzdem gut aussehen und begehrenswert sein. Die Franzosen wussten es schon immer, wenn sie sagen: Eleganz ist ein Privileg des Alters. Tatsächlich spielt irgendwann die schnell wechselnde Mode nicht mehr so eine grosse Rolle wie Beständigkeit und Stil. Umso unangenehmer berührt es einen darum, wenn ältere Frauen und Männer diese entspannte Lage nicht erkennen und krampfhaft «einen auf jung» machen.

«Eleganz ist Verweigerung.» – Diana Vreeland

Was man wirklich haben muss

Der legendäre Couturier Christian Dior schrieb in seinem meisterhaften kleinen Büchlein «The Little Dictionary of Fashion» (1954), dass es drei Dinge braucht, damit eine Frau gut aussieht: Einfachheit, guten Geschmack und eine sorgfältige Pflege. Nichts davon kostet besonders viel Geld. Und dann erst kommt die Mode. Und auch da weiss Dior Rat: «Kaufen Sie nicht viel, aber kaufen Sie gut.»

Die Definition eines eigenen Stils geschieht mittels einer funktionierenden Basisgarderobe, die mit Hilfe modischer Accessoires und gezielter saisonaler Akzente die Jahre überdauert. Erst wenn man Ihnen ansieht, dass Sie mit sich und Ihrem Look im Einklang sind und dass Ihr Kleiderschrank nicht Ihr Feind, sondern Ihr Freund ist, wirken Sie souverän. Die nachfolgenden Dinge gehören in jede gut sortierte Garderobe:

Jeans

Eine gut sitzende Jeans ist eines der universellsten Kleidungsstücke. Mit einem gut geschnittenen Shirt und einem Paar Ballerinas taugt sie fürs Weekend-Shopping, mit einem Rolli oder einer Bluse fürs Büro oder mit Pumps und Smokingjacke zum Cocktail. Mit Turnschuhen und Pullover empfiehlt sie sich sogar für die Bergtour.

Eine zeitgemässe Jeans sollte pur, essenziell und gut geschnitten sein. Man trägt sie inzwischen eng und mit geradem Bein, aber nicht mehr hauteng. Dunkle Töne und diskrete Waschungen sind zeitgemässer als die absichtlich stark verwaschenen, durchlöcherten oder geflickten Beinkleider. Logisch: Die Jeans ist ein Basic und darum am schönsten, wenn sie so schlicht wie möglich ist. Eine schmale Jeans in einem schönen, dunklen Denimton, eine Seventies-Jeans mit geradem Bein, eine bequeme Stonewashed-Jeans sowie je eine Jeans in Schwarz und Weiss gehören zur Grundausrüstung.

Don't:
Die zwei Nummern zu knappe Röhrenhose, bei der am tiefer gesetzten Bund der Hüftspeck hervorquillt, ist genauso ein Ding der Vergangenheit wie die sogenannte «Luxusjeans» mit üppiger Logostickerei auf den Gesässtaschen, die meistens das viele Geld nicht wert ist, das man dafür aufwerfen muss.

Achtung:
Noch immer haben zahlreiche Firmen fürs Business-Outfit eine strikte No-Jeans-Policy. Das ist kurzsichtig und veraltet, denn eine schöne Jeans, zu einem eleganten Blazer und tollen Schuhen getragen, sieht oft viel moderner aus als eine langweilige Baumwollhose mit halbherzigen Alltagsschuhen.

Strickjacke
Die Strickjacke ist das Wohlfühlteil für alle Lebenslagen und soll am besten voluminös und kuschelweich sein, un-

prätentiös in Schnitt und Maschen. Ausser Schurwolle, Kaschmir und Seide kommen keine anderen Fasern in Frage: Dieses wärmende Extra trägt man oft hautnah, und entsprechend natürlich und sinnlich sollte das Materialempfinden sein.

Da ist zum einen das klassische, schlanke Modell in Feinstrick, mit körperbetontem Schnitt - tailliert oder gegürtet -, losem Schalkragen oder feinen Applikationen.

Dann gibt es die neue, voluminöse Strickjacke, die mit einem dreidimensionalen Maschenbild auftrumpft und nicht selten sogar einen Mantel ersetzen kann. Diese Art von Strickjacke empfiehlt sich fürs Weekend und den Abend vor dem Kamin, aber nicht so sehr fürs Office, wo sie vielleicht einen Tick zu gemütlich wirken kann. Eine moderne Alternative ist der lose fallende Strick-Kimono, der wie eine weite Hülle umgeschlagen werden kann.

Die konservative Halbschwester der Strickjacke ist das Twinset - eine unverwüstliche und praktische Kombination von einem feinem Pullover, meist kurzärmlig, mit Rundhals-Ausschnitt oder Rollkragen und einem Strickjäckchen aus demselben Material. Dieses Teil ist potenziell bieder, gleichzeitig aber nicht selten extrem unterbewertet. Es kommt darum auf eine gute Kombination an. Wichtig auch hier: superweiche Materialien, am besten Kaschmir, und ein kuscheliger Griff.

Don't:
Mohair-Twinsets gehen vielleicht doch einen Tick zu sehr in Richtung des Films «Hairspray» (2007).

Pullover

Wir sprechen hier nicht vom Norweger, den man drei Nummern zu gross abends in der Skihütte schätzt, sondern vom vielseitigen Kaschmir-Basic mit V- oder Rundhals-Ausschnitt, der aus allerbestem Material hergestellt wurde und einen raffinierten, schmeichelhaften Schnitt ohne Firlefanz aufweist.

Dieser Klassiker eignet sich für berufliche wie private Einsätze, am besten schlicht und feinmaschig gestrickt, allenfalls leicht gerippt und bevorzugt aus Naturfasern.

Rollis und Pullis mit Schalkragen sind je nach Modelaune denkbar und können zu einem Kostüm während der kälteren Monate auch die Bluse ersetzen.

Don't:
Pullover mit Umlegekragen, die an langärmlige Poloshirts erinnern, überlässt Frau besser der Männerwelt.

T-Shirts

Zwanzig T-Shirts sollten es mindestens sein, die im Schrank lagern: samtweiche und hundertfach gewaschene fürs Wochenende; hauchfeine und lieblich fallende für abends; festere und körperbetonte für drunter. Das T-Shirt ist tailliert und akzentuiert Kurven, ist aber keinesfalls hauteng wie eine Wursthaut, sondern schmeichelt dem Körper mit sanftmütiger Lockerheit.

Don't:
Ungeeignet für den beruflichen Alltag sind ärmellose, mit Markenemblemen oder Slogans bedruckte oder zu tief dekolletierte Shirts.

Achtung:
Jedes T-Shirt, und sei es eines fürs Workout, sollte bis mindestens über den Gürtel reichen. Bauchfrei ist schon seit langem vorbei. Der Ausschnitt sollte nach klassischer Lehre nicht tiefer als zwei Finger über dem Brustbein enden und in keinem Fall den Blick auf die Unterwäsche freigeben. Auch sollten Shirts, die in einem klassischen Kontext zum Einsatz kommen, immer Ärmel haben (im Sommer auch kurze).

Tailleur und Blazer

Die Tailleur-Jacke, auch einfach Blazer genannt, ist ein Adelsschlag für den beruflichen Alltag – sie macht die Frau zur Dame. Man trägt sie seit einiger Zeit recht kurz, also bis maximal zur Hüftlinie reichend und einreihig, stark tailliert und mit schmaler, präzise akzentuierter Schulter.

Abends macht sich ein gut geschnittener Blazer mit gerader, weich fallender Hose sehr gut als Ersatz für das Cocktailkleid. Dem Revers kommt eine Schlüsselrolle zu: Es sollte nicht derart hochgeschlossen sein, dass darunter jegliche Fantasie begraben wird, sondern soll tagsüber der Bluse und abends dem Dekolleté Raum geben.

Eine Blazerjacke wird, so sie mehrere Knöpfe hat, nie ganz durchgeknöpft, will man nicht wie eine Gouvernante wirken. Mindestens der unterste Schliessknopf bleibt auf.

Lederjacke

Jede Frau wird dann und wann ein bisschen Rebellin spielen wollen – nichts ist für diese Rolle geeigneter als eine gute Lederjacke. Man trägt sie sehr salopp zu Kaschmirpullover und Jeans, elegant zur schmalen schwarzen Hose oder «fashionable» zum engen Stiftrock mit hohen Schuhen. Wer nur eine Lederjacke hat, der wählt schwarzes, nicht zu glänzendes Leder, am besten im klassischen «Perfecto»-Schnitt (Bikerjacke). Alternativ dazu empfiehlt sich scheinbar wettergegerbtes Antikleder in Naturtönen. Beim Einkauf ist auf bestes Material zu achten: Riecht das Leder nicht von Anfang an gut, kann eine Lederjacke dauerhaft ein unangenehmer Begleiter sein.

Don't:
Farbige Lederjacken taugen normalerweise nicht, sie sehen zu sehr nach Billigimitat vom Ledermarkt in Bangkok aus.

Rock

Man sagt noch heute manchmal, dass Rocklängen ein Indikator für die wirtschaftliche Prosperität einer Zeit sind:

Geht es aufwärts, tragen die Frauen kurz, und kippen die Börsen ins Negative, fallen die Säume. Doch wie so vieles ist auch diese «textile Bauernregel» ein Märchen: Untersuchungen des Massachusetts Institute of Technology haben bestätigt, dass es zu viele Ausnahmen gibt, um den Hemline-Index als zuverlässig zu bewerten.

Die absolute Gültigkeit von bestimmten Rocklängen ist sowieso ein Ding vergangener Tage: Heute trägt man gleichzeitig lang, medium oder kurz, weit, eng, A- oder O-Linie. Die multioptionale Mode gibt nicht mehr vor, wie lange ein Rock zu sein hat, sondern bietet parallel verschiedene Optionen an.

Sicher ist nur, dass der gerade Rock, am besten als knielanger, zum Bein hin etwas sich verjüngender Pencil-Skirt mit kurzem Schlitz im Rücken, ein sicherer Wert von unvergänglicher Schönheit ist. Es ist dieser Rock, der aus einer Frau eine Lady macht und diese generöse Portion konservativen Secretary-Sexappeal hat. Der Stiftrock braucht allerdings auch Augenmass: Wenn das Verhältnis von Taille zu Hüfte grösser als 85 Prozent ist, sieht dieses Kleidungsstück nicht mehr elegant, sondern plump aus.

Ein Rock in einem traditionellen Berufsumfeld sollte nie zu kurz sein - er endet korrekterweise maximal eine Handbreit über dem Knie. Weil das aber je nach Handtellergrösse ganz schön kurz geraten kann, empfehlen manche Ratgeber auch den bis zum Knie reichenden oder den das Knie bedeckenden Rock.

Eine Herausforderung ist der wadenlange Rock: Es bedarf schon zweier ausreichend langer und schlanker

Beine, um ein Kleidungsstück, das ausgerechnet bis zur breitesten Stelle des Unterschenkels reicht, gut aussehen zu lassen.

Don't:
Weit schwingende und mit Applikationen dekorierte Röcke sind eine schöne Option fürs Weekend, doch der ausgestellte Pettycoat, der kommt erst zum Nostalgie-Abend zu Ehren von Elvis' 100. Geburtstag wieder zu Ehren, einverstanden?

Kleid

Etwa die Hälfte der wesentlichen Teile einer klassischen Damengarderobe besteht aus Adaptionen von maskulinen Klassikern: Bluse, Blazer und Hose sind allesamt dem «Lounge-Suit», dem Strassenanzug des Mannes, nachempfunden. Darüber hinaus gibt es aber eine Reihe genuin weiblicher Kleidungsstücke, mit denen sich die Männergarderobe nicht messen kann - dazu gehört das Kleid.

Das «Kleid für alle Fälle», oft auch das kleine Schwarze genannt, ist etwa knielang und aus einem dunklen, nicht glänzenden Stoff gefertigt, der höchstens ganz leicht dehnbar ist. Es kann kleine Dekorationen wie ein aufgesetztes Gürtelchen haben, aber am schönsten ist es, wenn es ohne grosse Tricks und Applikationen auskommt.

Die hohe Kunst ist es, ein Kleid zu finden, das richtig sitzt – also in der Taille schön die Figur betont, aber an der Hüfte nicht aufliegt oder spannt. Wer es ganz genau nimmt, kommt daher oft nicht um individuelle Retuschen herum.

Nach klassischer Lehre ist das Tageskleid nicht oder nur leicht dekolletiert und hat keine Ärmel – im Office wird es darum immer nur zusammen mit einer passenden Jacke getragen. Zu einem Paar hohen Schuhen und einem festlichen Jäckchen oder einem glamourösen Schal getragen, darf dieses Kleid als einziges den fliegenden Wechsel von der Tages- in die Abendgarderobe machen.

Eine jüngere, aber sehr populäre Variante des kleinen Schwarzen ist das Wickelkleid (Wrap-Dress) aus dehnbarer Maschenware. Dieser Standard aus dem Repertoire der New Yorker Modemacherin Diane von Fürstenberg ist bequem, praktisch, unkompliziert und sexy – und darum schon fast das ideale Kleid für eine leichte Reisegarderobe.

An Zuspruch gewonnen haben in jüngster Zeit auch sanft an die vierziger und fünfziger Jahre erinnernde Tageskleider aus Tweed-artigen Stoffen. Damit sie nicht schwer und staubig wirken, können sie mit leichten Strümpfen, eleganten Schuhen oder feinem Strick etwas konterkariert werden.

Ein Sonderfall ist das Abendkleid, das selbstverständlich nur abends und nicht etwa schon nachmittags zur Hochzeit angezogen wird. Es wird in den meisten Fällen dekolletiert oder schulterfrei sein, was die Begleitung einer Stola oder eines kurzen, festlichen Jäckleins nötig macht. Es muss immer bodenlang sein - jede halbherzige andere Länge ist vernichtend. Abendkleider, die nur bis zum Knöchel reichen, sehen armselig und knauserig aus. Das Material sollte, falls es glänzt, kein bisschen nach Kunststoff aussehen.

Don't:
Was absolut nicht geht, ist jede Form von Stretchkleid (ausser dem erwähnten Wrap-Dress). Kleider, die auf der Haut aufliegen wie Wurstpellen, gehören ins Milieu der Nachtklubs, wo diese alte «Pretty Woman»-Masche offenbar noch immer ganz gut zieht. Nicht empfehlen würden wir ausserdem bis unter die Brust dekolletierte, in irgendeiner Art seitlich am Bein geschlitzte oder aus an Weihnachtsfolien erinnernden, glitzernden Stoffen gefertigte Kleider – Letzteres natürlich mit Ausnahme von Gala-Roben zur Oscar-Night.

Hosen

Was für den Rock gilt, darf für die Hose wiederholt werden - sie muss sitzen, auf der Hüfte, am Hintern und in der Taille, und darin liegt die Krux. Zudem sollte die Länge stimmen: bis fast zum Boden oder zum Absatz, nicht länger und nicht kürzer.

Am schönsten, weil am zeitlosesten ist die gerade geschnittene Hose - sie ist an den Hüften schmal und ab dem Oberschenkel weit, eventuell für ein bisschen extra Spannung auch ab den Knien leicht ausgestellt. Diese fliessende und lange Linie streckt die Silhouette – ein leicht erhöhter Taillenbund dramatisiert diesen Effekt zusätzlich und kaschiert oft auch eine weiche Bauchnabelgegend.

Neu werden auch wieder Bundfaltenhosen getragen sowie im ganz modischen Bereich sogenannte «Boyfriend»-Hosen, die aussehen, als hätte man vom Lover die Anzugshose ausgeliehen. Sie werden mit einem Gürtel in der Taille festgezurrt und sehen absichtlich ein paar Nummern zu gross aus.

Wer den Hintern und die Beine dazu hat, der versuche sich auch an der sehr schmalen Bleistifthose mit ultraschlankem, aber nicht hautengem Bein.

Don't:
Leggins taugen nur als Ersatz für Strumpfhosen, aber nicht als selbstständiges Kleidungsstück. Stretchhosen gehören in 99 Prozent der Fälle auf die schwarze Liste. Schlimm sind auch Hosen, die etwas zu kurz sind und deren Saum etwa beim Knöchel endet. Und: Mit Hüfthosen ist ab Grösse 42 Schluss.

Achtung:
Beim Probieren von Hosen auch immer die rückwärtige Ansicht im Auge behalten. Wenns hier zwickt, sieht eine Hose zu eng aus, ganz egal, ob sie bequem ist oder nicht. Im Zweifelsfall ein kritisches Urteil einer nahestehenden Person einholen.

Blusen
Blusen scheinen etwas aus der Mode gekommen zu sein – sie werden zwar noch im traditionellen Business-Umfeld

getragen und geschätzt, haben aber gegen T-Shirts aus gewirkter Ware einen schweren Stand. Allerdings ist dies keine neue Einschätzung, denn Christian Dior schrieb schon 1954, «dass Blusen heute leider nicht mehr so oft getragen werden wir früher und mich das schade dünkt».

Die Bluse bleibt bis heute ein praktischer Alltagsbegleiter für die berufstätige Frau: Sie vermittelt Nüchternheit und Sachlichkeit, vielleicht manchmal sogar ein bisschen Trockenheit, aber stets Fokussiertheit. Man trägt sie, anders als das Männerhemd, von dem die Bluse abstammt, recht tailliert und nie ganz geschlossen. Wer seine Bluse bis oben hin zuknöpft, sieht automatisch wie eine Schalterbeamtin aus. Zwei Knöpfe bleiben geöffnet, bis tiefstens zwei Finger über dem Brustbein. Tiefere Einblicke sind kaum schicklich - und im geschäftlichen Kontext wohl auch das falsche Ausdrucksmittel.

Blusen sollten immer und ausschliesslich aus feinen Naturfasern sein: Ausser Baumwolle und Seide haben keine anderen Materialien eine Chance, schon gar keine Synthetics. Leichte Beimischungen von Stretch oder Lycra sind okay, solange sie nicht dazu missbraucht werden, die Bluse eine oder mehrere Nummern zu klein zu tragen.

Im sehr modischen Bereich haben in jüngster Zeit Blusen mit romantischen oder viktorianischen Elementen wie Stickereien oder Volants Boden gutgemacht - andererseits verzeichnen auch maskulin angehauchte Blusen wie etwa Abwandlungen des vorne gestärkten Smokinghemdes guten Zulauf.

Es ist im Zuge der Casual-Welle üblich geworden, die Bluse über der Hose oder dem Rock zu tragen – das mag gehen, ist aber von zwei Möglichkeiten die weniger elegante. Manche Blusen sind jedoch derart kurz geschnitten, dass einem nicht viel anderes übrig bleibt.

Don`t:
Niemals Stretch und Knopfleisten, die vor lauter Oberweite schier zu platzen drohen – das sieht nicht sexy, sondern dick aus.

Achtung:
Transparenz kann raffiniert sein, sollte sich aber auf dafür geeignete Teile der Bluse (also Rücken oder Ärmel) beschränken. Gute Chiffon- und Voile-Blusen sind vorne doppelt gearbeitet. Vorsicht auch vor stark glänzenden Satinblusen, die oft eben nicht wie erhofft glamourös, sondern genau gegenteilig aussehen.

Trenchcoat

Der Trenchcoat ist ein Stück fürs Leben. Er kommt aus den sumpfigen und blutigen Schützengräben des Ersten Weltkriegs und hat seit seiner Erfindung durch Thomas Burberry einen weiten Weg zurückgelegt. Er hat dabei sogar seine sexuelle Präferenz gewechselt: Der Trench ist heute ein ausgesprochen femininer Mantel, wohingegen die Männer heute den sportiven Kurzmänteln den Vorzug geben. Frauen, nehmt dieses grosszügige Geschenk dankbar an - es geschieht nicht oft, dass einem die Männerwelt etwas kampflos überlässt!

Nach wie vor ist der Trenchcoat in erster Linie ein funktionales Geschöpf: Er muss einem mindestens vierzigminütigen Spaziergang im Regen standhalten, ohne durchzunässen. Tut er das nicht, ist das Material oder die Machart von minderer Qualität.

Der Trenchcoat wird aktuell kniekurz (oder auch kürzer!) getragen – mit einem Gürtel auf Taille gezogen oder offen. Dabei kann man den Gürtel im Rücken zusammenbinden, um dem Mantel auch offen eine taillierte Form zu geben.

Achtung:

Der extrem weit geschnittene und fast bodenlange Inspektor-Clouseau-Trench gehört für ein Weilchen nicht in die gut sortierte Garderobe.

Mantel

Jedes Jahr im September wird von der Mode «der neue Mantel» ausgerufen – kaum sinken die Temperaturen unter hochsommerliche Werte, kommt der Wetterschutz für die kühleren Tage wieder in die Regale. Tatsächlich haben die Designer in den letzten Jahren eine Fülle neuer, innovativer Mäntel geschaffen, die in ihrer skulpturalen Art teilweise an die glorreichen Tage der Haute Couture erinnern. Das heisst, der Mantel wird entweder sauber auf den Körper geschnitten getragen – also eng – oder aber weit und extralarge, in A-Linie geschnitten oder gar in neuer Tonneau-Form. Wobei im letzteren Fall natürlich darauf zu achten wäre, dass der Mantel nicht ausgefüllt wird, sondern ein grosszügiges Luftpolster einschliesst.

Es gibt Hunderte von Mantelformen, Schnitten und Materialien. Wichtig ist aber nur eines: dass der Mantel seiner ursprünglichen Funktion gerecht wird und seine Trägerin schützt und wärmt. Tut er das nicht, ist er nichts weiter als ein Modegag. Achten Sie beim Kauf auf den Kragen: Ist er komplett zuknöpfbar, falls es nötig wird? Zudem sollte er aus dem bestmöglichen Material geschnitten sein – gerne Kaschmir (etwa von Max Mara) – oder auch aus feiner Schurwolle, aus Velvet oder innovativen Kunstfasern, die nicht zu sehr glänzen.

Ein Wort zum «Aufregerthema» Pelz: Tragen Sie Echtpelz, wenn Sie dies mit Ihrem Gewissen vereinbaren können. Es gibt ja durchaus Pelze, die zu tragen sinnvoll sein kann, weil die Tiere nicht zur Pelzgewinnung, sondern zur Fleischproduktion oder zur Bestandesregulierung erlegt werden. Kaninchen- oder Lammfell gehören dazu. Ausserdem bemüht sich die Kürschnerszene seit einigen Jahren tapfer, den lange verschmähten heimischen Rotfuchs populär zu machen. Wem dies alles noch immer zu grausam ist, der trage mit Stolz und Lässigkeit Kunstpelze – solange sie gut gemacht sind.

Don't:
Tragen Sie keine Mäntel, die kürzer sind als die darunter liegende Jacke beziehungsweise der Rock. Der Mantel

ist vorzugsweise die äusserste und daher längste Schicht eines gut komponierten Looks. Ausnahmen gelten für besondere modische Effekte (wie etwa den Zwiebel-Look).

Auch sehr grausam: die formlosen, wattierten Daunenmäntel, die Frauen optisch zu einer Art Raupe machen. Sie mögen warm und problemlos sein, aber elegant sind sie niemals.

Achtung:

Als Alternative zum Mantel hat sich bei Männern wie Frauen der sportive Parka aus Wind und Wasser abweisenden Kunststoffen etabliert. Er mag zweckmässig sein, kann aber niemals mit der klassischen Eleganz eines gut geschnittenen Mantels mithalten.

Schuhe

Eine Frau sollte mindestens fünfzig Paar Schuhe haben, sagte der renommierte Pariser Schuhdesigner Pierre Hardy in einem Interview mit der «NZZ am Sonntag». Da ist etwas dran. Ein Befreiungsschlag für die Damenwelt – von Herrn Hardy wohl nicht ganz selbstlos geführt. Dürfen es vielleicht sogar noch ein paar mehr sein? «Ab 200 Paar wirds langsam ein Fall für den Psychiater», so Pierre Hardy weiter. Imelda Marcos war mit gut 1200 Paar Schuhen also ein Fall für den beratenden Dienst. Aber nun gut, die philippinische Diktatorsgattin hatte vielleicht wenig andere Kurzweil in ihrem Palast.

Doch welche Schuhe sollen es sein? Alle Typen, alle

Höhen, das heisst: Ballerinas, helle Naturledermodelle mit Keilabsatz, Stiefel in Naturleder und Pumps mit vier bis acht Zentimeter Höhe. Und für abends die ganz hohen Stilettos.

Ballerinas sind zuverlässige, Fuss und Gelenke schonende Alltagsschuhe von zeitloser Eleganz. Niemand trug sie so lässig wie Audrey Hepburn. Ballerinas passen sowohl zu einem legeren Outfit als auch ins Büro. Wer lange Beine hat, trägt sie auch zum kurzen Rock, alle anderen sind vielleicht mit einem kleinen Absatz besser beraten.

Pumps, also Schuhe mit Absätzen, sollten nach konventionellen Lehrsätzen fürs Business bis maximal sieben Zentimeter hoch sein und eine geschlossene Zehenpartie haben. Peeptoes, also Schuhe mit offener Spitze, aus denen der Zeh («toe») frech hervorguckt (eben: -«peept»), haben sich als modische Alternative etabliert, sind aber nach strengen Konventionen doch eher etwas für abends – genau wie die Slingpumps mit offener Fersenpartie oder Stilettos mit mehr als acht Zentimeter Absatzhöhe. Die Absatzformen variieren mit der Mode, doch es gibt zwei Bauarten, die immer eine eindeutige Konnotation haben: Der metallene Stift hat etwas Vulgäres und der breite Blockabsatz etwas Grobes und Unsensibles. Bezüglich der Kappenformen sind die spitzen wie die runden Formen möglich: Rund war jetzt eine ganze Zeit in, doch langsam melden sich auch spitze Pumps wieder zurück. Im Business kann sehr spitz aber zu sexy aussehen.

Im Herbst führte die letzten Jahre kein Weg am Stiefel vorbei. Und die Chancen stehen gut, dass Stiefel, zum Rock, zur Hose oder zu Jeans getragen, noch eine ganze Weile en vogue bleiben. Sie geben einem Look Kraft, wenn sie robust und kernig geschaffen sind – oder verleihen einer Frau Sexappeal, wenn sie das Bein gekonnt dramatisieren. Cool sind klassische Reiterstiefel. Ein magischer Tipp: Männer maulen gerne, wenn Frauen viel Schuhe kaufen – doch bei Stiefeln sind sie oft merkwürdig still.

Sneakers sind ein verbreitetes, wenngleich leidenschaftsloses Phänomen: Sie werden meistens gedankenlos und unmotiviert kombiniert, weil sie bequem sind. Mit Eleganz sind sie jedoch schlecht zu vereinbaren. Ausnahme: Wer einen Turnschuh zu einer weiten, geraden Männerhose kombiniert, konterkariert die Strenge des Kleidungsstücks geschickt.

Im Sommer sind Riemchensandalen ein sicherer Wert. Auch Zehensandalen (Flipflops) mögen eine Option sein – allerdings nur, wenn sie nicht aus Kunststoff gefertigt sind.

Don't:
Zum Schlimmsten und Unvorteilhaftesten in der Welt der Schuhe gehören Stretch- oder Kunstlederstiefel. Damit ruiniert man das teuerste Outfit und sieht überdies sehr schnell etwas aufgedunsen aus.

Achtung:
Schuhe mögen sich zwar am Menschen ganz unten befinden, stehen aber in der Liste der Dinge, die ein Outfit wirklich gut aussehen lassen, ganz zuoberst. «It's the shoe that makes the lady!»

Und: Achten Sie ein bisschen, wenn auch nicht allzu sklavisch auf die farbliche und materielle Abstimmung von Schuhen, Gürteln und Handtaschen.

Handtaschen

Die Handtasche hat sich in den letzten Jahren zum Hauptumsatzträger und wichtigsten Identifikationsmotiv der Luxusgüterindustrie entwickelt. Der Grund dafür liegt auf der Hand: Die tragbaren Behältnisse sind relativ einfach zu produzieren, zu transportieren und zu lagern und passen überdies ohne jedes Passformproblem zu den meisten Kundinnen. Die teuren Marken haben das Phänomen der It-Bag nicht geschaffen, um den Frauen die Probleme beim Verstauen Ihrer Alltäglichkeiten abzunehmen, sondern um sie zu immer neuen Einkäufen zu stimulieren. Heute die mit Fransen behängte Boho-Bag im Stil von Kate Moss oder der feste Klassiker mit Logo-Motiv von Jennifer Lopez, morgen die klassische «Kelly» der Victoria Beckham und übermorgen der weiche XL-Beutel von Charlotte Gainsbourg.

«Man kann den ganzen Tag dasselbe Kostüm tragen, aber nicht dieselbe Tasche», sagte Christian Dior. Und da ist noch immer etwas dran: Ein abendlicher Auftritt verlangt nach anderen Taschen als der Besuch im Yoga-Studio oder der tägliche Gang zur Arbeit.

Eine Frau braucht daher mindestens drei Handtaschen:

1. Eine Alltagstasche, die in der Hand getragen wird – das kann ein kompaktes, strukturiertes und festes Modell sein, wenn der Charakter seiner Trägerin auch diese Qualitäten hat und sie nicht zu viel Krempel durchs Leben trägt. Diesbezüglich ist man bei den klassischen Herstellern wie Hermès, Goyard oder Louis Vuitton (sowie deren Lookalikes) gut beraten. Ansonsten ein etwas grösseres Modell, das

über die Schulter passt – das kann ein weicher Shopper sein oder ein geräumiger Sac wie etwa der hinreissende «Cabat» von Bottega Veneta.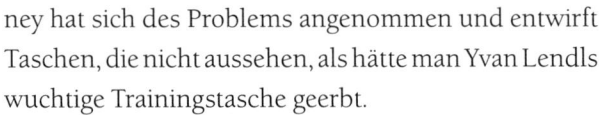

2. Eine sportliche Tasche braucht man für ebensolche Aktivitäten: geräumig genug für die benötigten Kleider und Schuhe; clever genug, um auch feuchte Wäsche zu transportieren. Stella McCartney hat sich des Problems angenommen und entwirft Taschen, die nicht aussehen, als hätte man Yvan Lendls wuchtige Trainingstasche geerbt.

3. Eine Abendtasche für die nötigsten Dinge zum Cocktail oder grossen Fest: klein, leicht und schmückend, aus hochwertigem Exklusivleder oder festlichem Stoff gefertigt. Eine solche Tasche kommt wahrscheinlich nicht oft zum Einsatz, doch komplettiert sie eine festliche Robe meisterlich. Seien Sie extrem selektiv bezüglich dessen, was wirklich rein muss!

Don't:
Kuriertaschen zum Umhängen sind eine flotte Erfindung für Fahrradkuriere, sportliche Männer oder Studenten. Aber Frauen sehen mit einem quer über den Torso gehängten Grossbeutel einfach nicht chic aus. Auch Rucksäcke überlasse man gelassen den ewig adoleszenten Männertypen.

Nylonbeutel und Laptoptaschen sind unter manchen beruflichen Umständen manchmal nicht zu vermeiden, aber leider doch sehr unsexy. Auch Kunstleder macht sich nicht sehr gut. Besser sind immer Ledertaschen. Und seien Sie bitte nicht so geizig, die gute Ledertasche zur Schonung in einem Stoffbeutel durchs Leben zu tragen. Das war schon 1959 nicht mehr adäquat.

Schal und Foulard

Man muss sich heute mit allen Mitteln vor allen (Un-)Möglichkeiten schützen – und was böte sich da mehr an als ein schöner Schal?

Schals gibt es in feinen bis schweren Maschen, doch sie sollten – was sonst! – immer aus besten Naturfasern sein. Ein guter Schal vermittelt durch sein feines Material ein Wohlgefühl und Sicherheit, die der Ausstrahlung zugutekommen.

Schals können, wie die bei jungen Frauen nicht sonderlich geliebten Foulards auch, ein sehr persönliches Stil-Merkmal sein. Es kommt nicht nur auf Farbe, Material und Beschaffenheit an, sondern auch auf die Art und Weise, wie sie getragen und geknotet werden. Experimentieren Sie vor dem Spiegel – ein Schal oder Foulard kann durchaus ein Markenzeichen werden.

Wer glaubt, dass Foulards bieder seien, dem sei zur besseren Belehrung ein Besuch beim Carrée-Spezialisten Hermès empfohlen. Hier bekommt man nicht nur die herrlichsten Seiden, sondern dazu auf Wunsch auch ein kleines Booklet, in dem hundert Varianten beschrieben sind, wie man ein Halstuch knoten kann.

Die letzten Jahre hatte der sehr schmale, überlange Schal grossen Zulauf, abends auch als Schmücker mit Pailletten. Wieder etwas ins Hintertreffen geraten ist der eine Weile lang inflationär verwendete Paschmina-Schal, der die Ausmasse eines Bettlakens hatte und in Tausenden von Schattierungen zu haben war. Das meiste davon war leider nicht die grossartige Kaschmir-Qualität, als die sie vermarktet wurde, sondern rasch produzierter Nepp.

Tipp:
Stimmen Sie die Farbe Ihres Schals sorgfältig auf die Farbe Ihrer Augen ab. Die unmittelbare Nähe zum Gesicht kann einen interessanten Spannungsbogen ergeben.

Achtung:
Die Stola zum Abendkleid ist eine tolle Sache, sollte aber unbedingt bewusst und mit etwas Raffinesse drapiert sein. Eine von den Schultern herabhängende Stola sieht armselig aus.

Hut
Frau mit Hut – gibt es das überhaupt noch? In Modemagazinen und auf Laufstegen schon, aber im realen Leben hat der Hut – leider! – den Daseinskampf aufgegeben. Abgesehen von den lächerlichen amerikanischen Baseball-Mützen, die man manchmal auf den Köpfen von Celebrities sieht, die partout nicht erkannt werden wollen.

In den fünfziger Jahren war man noch der festen Überzeugung, dass ein Outfit ohne Hut nicht komplett sei, aber schon in den siebziger Jahren war diese Gewissheit nicht mehr als graue Theorie, ein Relikt aus einer anderen Zeit. Das ist der Hut bis heute geblieben: ein Exot, der die Blicke auf sich zieht und für Gesprächsstoff sorgt.

Wer also wieder einmal etwas Staub aufwirbeln will, dem sei ein Hut von ganzem Herzen empfohlen, etwa eines der modernen Couture-Modelle von Philip Treacy oder Stephen Jones.

Achtung:
In den USA gilt es als Fauxpas, vor dem «Memorial Day» (am letzten Montag im Mai) einen Strohhut zu tragen.

«Frauen wären schon sehr naiv, ein solch mächtiges Werkzeug der Koketterie nicht bewusst einzusetzen!» – Christian Dior

Das Darunter

Auch bei der Unterwäsche gibt es kein wichtigeres und mächtigeres Argument als die Qualität des Materials und der Verarbeitung. Es scheint für einen Menschen von Geschmack und Verstand schlicht undenkbar, unter sorgfältig ausgesuchter Kleidung minderwertige oder nachlässig assortierte Wäsche zu tragen.

Es gibt Tausende Arten von Wäsche und Marken. Keine ist explizit richtig oder falsch – es ist eine ganz private Frage des persönlichen Geschmacks, in die sich einzumischen es sich für einen Mann nicht geziemt. So lange jedenfalls, wie man die Wäsche nicht zur Schau stellt. Dann aber wird Wäsche öffentlich und qualifizierbar.

Wie auch immer der persönliche Geschmack ist: Wichtig scheint nur, die Wäsche auf den entsprechenden Bedarf abzustimmen. Ein gut bestückter Wäscheschrank hat daher für alle Situationen eine passende Lösung:

1. Sportwäsche zum Workout, für Yoga oder andere körperliche Herausforderung: Diese aus festerer Baumwolle oder technischen Fasern gefertigte Wäsche gibt Halt und absorbiert grosszügig Feuchtigkeit.
2. Komfortwäsche für den Alltag: Moderne Mischfasern und bequeme, nahtlose Verarbeitungen sorgen für uneingeschränkte Bewegungsfreiheit und minimieren sich abzeichnende Linien unter der Kleidung, die sogenannten Panty-Lines. Strings bleiben für enge Hosen und Röcke die bessere Wahl. Sanfte Push-up-BHs und thermoplastisch geformte Büstenhalterschalen sorgen für ein ansprechendes Dekolleté.
3. Verspieltes und Exotisches für den Abend und besondere Momente. Hier sind der Fantasie und der Lust keine Grenzen gesetzt – es bleibt ja Privatsache!

Achtung:

Vorsicht vor zu viel üppiger Lingerie im Arbeitsalltag: Dreidimensionale Ornamente, Applikationen und Stickereien sehen immer wunderbar aus, eignen sich aber unter bestimmter Alltagsbekleidung nur schlecht, weil sie sich unter Umständen recht deutlich abzeichnen. Die meisten «wardrobe malfunctions», also Modesünden, werden von falsch assortierter Wäsche verursacht.

Strümpfe

Es ist ein Fakt: Die kommerzielle Verbreitung der Strumpfhose ab den fünfziger Jahren und der Einsatz neuer Fasern Anfang der sechziger Jahre hat das Geschäft mit den Strumpfwaren fundamental umgekrempelt. Der «alte» Strumpf, also das halterlose oder mit einem entsprechenden Strumpfgürtel zu tragende Modell, welches davor Usus war, hat zwar noch immer viele (männliche) Fans, aber kaum noch kommerzielle Bedeutung. Stattdessen wird die «zweibeinige» Strumpfhose getragen, meistens leicht transparent oder in der kühlen Jahreszeit auch blickdicht (opak). Ruhige, elegante Optik ist immer Trumpf: Im Zweifelsfall wählt man musterlos und einfarbig. Dunkle Farben lassen das Bein schlanker erscheinen. Abends sollte der Strumpf feiner und folglich transparenter sein.

Der Unterschied zwischen Massen- und Qualitätsware ist in der Passform und der Belastbarkeit des Materials zu finden. Und weil der Strumpf die Verbindung zwischen Schuh und Fuss herstellt und also erheblichen Belastungen ausgesetzt ist, darf hier ein gutes Mass an synthetischer Kunstfaser sein.

Don't:
Bitte niemals Kniestrümpfe zu Röcken tragen. Es sieht spätestens beim Hinsetzen absolut indiskutabel aus.

Achtung:
Strümpfe sollten im Idealfall zur Farbe von Rock und Schuhen passen. Im Zweifelsfall wählt man sie in der

Farbe der Schuhe, niemals aber deutlich dunkler als diese, wenn Sie nicht unbedingt wollen, dass man auf Ihre Beine starrt.

Weisse Strümpfe eignen sich nur für sehr dünne und schlanke Beine – alle anderen Frauen sehen damit schnell ein wenig nach Krankenschwester aus. Und Netzstrümpfe haben sehr oft eine etwas «halbseidene» – oder aber folkloristische – Note.

Schmuck

Nach klassischer Lehre sollte der Schmuck einer Dame diskret und echt sein – also eher Bescheidenheit und Tugendhaftigkeit statt extrovertierten Charakter zum Ausdruck bringen. Das mag für hohe Bankkader, Politikerinnen, Frauen im öffentlichen Dienst oder Vorstandsvorsitzende noch immer gelten. Sie sind natürlich mit hochwertigem, zeitlosem Echtschmuck richtig beraten – ein schöner Diamant-Solitär an einer Halskette, eine diskrete Uhr, ein Paar Perlenstecker oder die klassische Perlenkette – perfekt.

Doch alle anderen, die sich von solch strengen Konventionen befreit fühlen, dürfen die Sache etwas entspannter angehen. Heute wird unbekümmert Echtschmuck mit sogenanntem Modeschmuck kombiniert – die Ergebnisse können frappierend sein! Auch setzen Naturmaterialien wie Holz, Horn oder Leder zeitgemässe Akzente.

Don't:

Mit Schmuck braucht man niemanden zu beeindrucken. Der echte Riesendiamant mag zwar ein Zeichen von monetärer Potenz (des Gatten?) sein, aber er ist nicht immer ein sehr raffiniertes Signal.

Und: Bitte niemals versuchen, Modeschmuck als Echtschmuck zu deklarieren. Das ist peinlich und zeugt von zu wenig Selbstvertrauen und/oder Lässigkeit im Umgang mit Status.

Aufräumen und ausmisten: Get things sorted out!

Der Weg zur modischen Selbsterkenntnis führt über drei Stufen, die allesamt mit dem Buchstaben «K» anfangen: Kontemplation, Konzentration und Komposition. Alle drei Stufen dieses individuellen «Reifungsprozesses» verlangen ehrliche Selbstreflexion, Entscheidung und Beharrlichkeit.

Kontemplation heisst so viel wie intensives Nachdenken über sich und seine eigene Lebenssituation. Es geht darum, sich einige wichtige Fragen zu stellen, etwa: Wer bin ich? Wo stehe ich im Leben? Was sind meine Ziele? Welcher Stil passt dazu? Was repräsentiert meine Persönlichkeit am besten? Welche Art der Mode fühlt sich intuitiv am besten an und gibt mir Kraft? Was sind meine zeitlichen und finanziellen Reserven, diesen Idealen zu entsprechen? Überlegen Sie sich, was Ihnen gefällt – gibt es vielleicht ein persönliches Stil-Vorbild, dem Sie sich als Typ nahefühlen? Dann studieren Sie die Biografien und die Stil-Merkmale dieser Frauen.

Konzentration bedeutet, sich ein Konzept zurechtzulegen, sich von Unnötigem zu trennen, den Kleiderschrank gründlich auszumisten und eine funktionierende Garderobe zusammenzustellen. Dieser zweite Akt der Selbstfindung hat eine befreiende, klärende Natur und bildet damit gleichsam die Grundlage für die dritte und wichtigste Stufe.

Komposition steht für das Anlegen einer funktionierenden, variantenreichen und leicht zu kombinierenden Basisgarderobe, die mit Hilfe von gezielt dazugekauften modischen Accessoires und wenigen saisonalen Akzenten Jahre überdauert.

«Eine Frau, die ihr Aussehen richtig interpretiert, wird nie zum Modeopfer. Eine echte Frau zu sein, voller Selbstvertrauen, aktiv und modern, das sind die Bestandteile wahrer Eleganz.» – Emanuel Ungaro

Aufräumen!

Diesem Akt der Selbstdisziplinierung sollte sich jeder Mensch, der die Mode und sich selbst auch nur ein bisschen liebt, einmal pro Saison stellen. Es ist befreiend und auf fast schon spirituelle Weise «reinigend», in seinem Kleiderschrank Ordnung zu machen, Klarheit bezüglich seines Selbstbildes zu schaffen und sich von Zeugen verblassender Zeiten rechtzeitig zu verabschieden, bevor sie einen selbst wie solch einen Zeugen aussehen lassen.

Dazu nimmt man zwei Kleiderständer je zu einer Seite des Schrankes, stellt sich in neutraler Unterwäsche vor ebendiesen und beginnt, alles anzuprobieren. So folgt von selbst eine Triage:
1. Was noch passt und tadellos sitzt, alle Knöpfe hat und

auch nicht in die Reinigung muss, kommt auf den Ständer links. Kleine Sicherheitsfrage: Wurde es auch wirklich getragen, oder war es vielleicht eine modische Fehlinvestition?

2. Wenn ein Kleidungsstück sechs Monate nicht getragen wurde, gehört es wahrscheinlich auch nicht länger in die Garderobe, sondern in den Keller oder, noch besser, in die Altkleidersammlung.

3. Was nicht mehr ganz frisch oder leicht defekt ist und sonst ein wenig Unterhalts bedarf, kommt auf den Ständer rechts. Diese Dinge bringt man zur Schneiderin oder zur Reinigung. Denn herabhängende Säume und fehlende Knöpfe sind keine modische «Patina», sondern Zeugen nachlässiger Garderobenpflege.

4. Was nicht mehr passt oder gefällt, kommt auf den Boden. Dort wird es wiederum fein sortiert in Dinge, die man unmöglich noch verschenken oder gar verkaufen kann, und solche, mit denen man anderen Menschen vielleicht eine Freude machen kann. Der Haufen mit den Undingen kommt in die Altkleidersammlung (Socken und Unterhosen bitte in die Mülltonne!), der Rest wird ins Brockenhaus oder zum Secondhand gebracht. Wenn Sie die Zeit dafür haben, können Sie die besten ausgemusterten Stücke auch fotografieren und im Internet zum Verkauf anbieten. Grosse Marken erzielen hier mitunter noch beachtliche Preise – und relativieren so wieder den höheren Anschaffungspreis!

Wenn Sie sich dieser Aufgabe ehrlich und unzimperlich gestellt haben, sollten Sie nun einen um sicher vierzig Prozent reduzierten Garderobenbestand haben. Hängen Sie die guten Dinge zurück und stellen Sie, wenn Sie mögen,

Looks zusammen. Ihr Kleiderschrank ist ja kein Waren-
haus, und so finden Sie auch in Eile immer ein passendes
Outfit.

Und dann gehen Sie frohen Mutes neue Sachen einkaufen! – Sie haben ja Platz für Neues und dürfen sich für
die geleistete Arbeit mit etwas Schönem belohnen.

*«Amerikanische Kleiderschränke sind für mich ein Schock – so
viel zu viel. Niemand kann sich mit so vielen Kleidern gut
anziehen.» – Andrée Putman, Architektin*

Die Kunst des Einkaufens

Es gibt heute ein geradezu obszönes Überangebot an Mode – kein Wunder also, wenn viele Frauen den Überblick verlieren oder sich gar entschliessen, das Thema Mode abzuhaken. Die schiere Masse von Möglichkeiten macht es dem Laien tatsächlich manchmal schwer, zwischen wirklich sinnvollen Anschaffungen und nutzlosen Spontankäufen zu unterscheiden. Allerdings haben Frauen, anders als die völlig hilflosen Männer, meist so etwas wie einen «Instinkt» für zielgerichtetes Shopping. Anders gesagt: Sie finden nicht selten die Nadel, auch wenn der Heuhaufen gross ist.

Mit System vorzugehen, erleichtert das Shopping-Problem erheblich. Hier sind sieben Schritte zum erfolgreichen Fashion-Shopping:

1. Definieren Sie Ihren Look. Wenn Sie unsicher sind: Vielleicht gibt es ein Vorbild, eine persönliche Ikone? Studieren Sie die Biografien der grossen Stil-Vorbilder und entdecken Sie, was Ihnen nahesteht oder sympathisch ist.

2. Was sind die Zutaten zu diesem Look? Schreiben Sie auf, was Ihnen fehlt. Es erleichtert Ihnen im Moment der Überforderung, den Blick fürs Wesentliche zu behalten.

3. Wer hat diese Dinge im Angebot? Finden Sie eine Boutique – oder eine Marke – Ihres Vertrauens.

4. Gehen Sie nicht einkaufen, wenn Sie frustriert oder

schlechter Laune sind. Die Missstimmung bleibt irgendwie im Garn der Kleidungsstücke hängen, sie werden selten zu Lieblingsstücken.

5. Finden Sie einen Verkäufer, der offen und ehrlich zu Ihnen ist. Das ist einfacher gesagt als getan, denn leider wurde das Service-Niveau im Detailhandel in den letzten Jahrzehnten stets reduziert. Und wenn Sie dann diese ehrliche und vertrauensvolle Bezugsperson mit Geschmack gefunden haben, bleiben Sie Ihr treu. Denn guter Rat ist nicht nur teuer, sondern unbezahlbar.

6. Vorsicht vor Sonderverkäufen. Was dort noch hängt, ist meistens noch da, weil es schon einer ganzen Reihe anderer Frauen nicht gefallen hat.

7. Konsultieren Sie allenfalls einen Image-Consultant oder Personal Shopper. Diese Profis kennen das Modeangebot in Ihrer Stadt meist auswendig und haben einen unabhängigen Blick auf das, was Ihnen gut steht.

«Sie müssen über sich selbst nachdenken und nicht darüber, wie die anderen sich anziehen.» – Diana Vreeland

Worauf es beim Einkaufen wirklich ankommt:

Passform

Graydon Carter, Chefredaktor des amerikanischen Stil-Leitblattes «Vanity Fair» («Jahrmarkt der Eitelkeiten»), sagte einst treffend: «Wenn sich die Leute wenigstens einmal im Tag in einem zweiflügligen Spiegel betrachten würden, sähe man weniger Stretch auf der Strasse.» Carter spricht damit das leidige Problem der mässigen Konfektionspassform an – anders gesagt: Den meisten Menschen sitzen die Standardmasse doch nicht richtig.

Es ist daher von Bedeutung, bei der Wahl seiner Garderobe nicht nur das gnädige Abbild im Spiegel von vorne zu betrachten, sondern auch kritische Blicke auf Rücken und Po zu werfen. Kneift und zwickt es hier, sieht auch das teuerste Kostüm nicht souverän aus.

Nehmen Sie bei Bedarf die Dienste der besten Mass- und Änderungsschneider in Anspruch: Sie zaubern weg, was nicht ganz stimmt und lassen auch Mode ab Stange rasch so aussehen, als sei sie einer Frau auf den Leib geschneidert worden.

Kritische Punkte sind natürlich die horizontalen Linien, also Längen von Säumen an Hosen, Röcken, Jacken und Ärmeln. Stimmen diese nicht, sieht ein Outfit schnell derangiert aus. Dazu gehört auch die vertikale Teilung der Silhouette: Die Taillenlinie sollte den Körper auf natürliche und vorteilhafte Weise in ein langes Bein und einen kürzeren Rumpf teilen.

Ferner sind die vertikalen Masse im Auge zu behalten: die Weite der Schultern, die weder zu knapp noch überschnitten sein sollten (modische Besonderheiten ausgenommen); die Taillenweite, die idealerweise weibliche Attribute akzentuiert, sowie die Hüftlinie, die grosszügig genug sein soll, dass sich darunter nicht gleich alles offenbart.

Qualität

Man kann es nicht oft genug sagen: Kaufen Sie gut und komfortabel. Fühlt sich ein Kleidungsstück nicht sofort gut an, lassen Sie es sein. Achten Sie auf die Materialien:

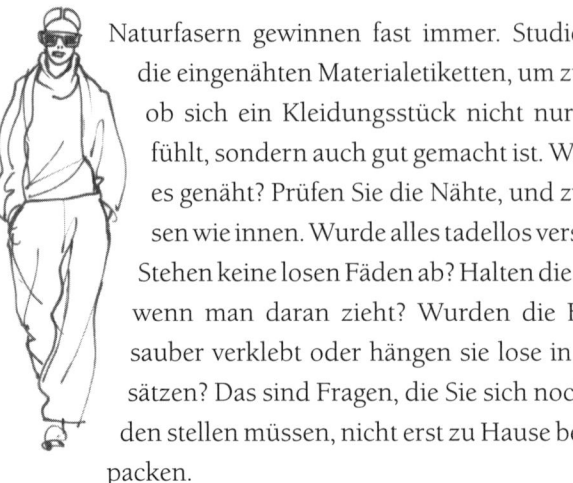

Naturfasern gewinnen fast immer. Studieren Sie die eingenähten Materialetiketten, um zu sehen, ob sich ein Kleidungsstück nicht nur gut anfühlt, sondern auch gut gemacht ist. Wo wurde es genäht? Prüfen Sie die Nähte, und zwar aussen wie innen. Wurde alles tadellos versäubert? Stehen keine losen Fäden ab? Halten die Knöpfe, wenn man daran zieht? Wurden die Einlagen sauber verklebt oder hängen sie lose in den Besätzen? Das sind Fragen, die Sie sich noch im Laden stellen müssen, nicht erst zu Hause beim Auspacken.

«Qualität in der Mode entsteht durch gute Verarbeitung, schöne Stoffe und deren Veredlung in den Details. Oftmals kann all dies der Klasse einer Frau dennoch nichts hinzufügen. Denn ihre wahren Qualitäten kommen aus dem Innern.» – Valentino

Marken
Einst boten Marken relativ sichere Gewähr für bessere Machart. Das ist leider vorbei: Zwischen einem Massenartikel und einem Designerteil liegen oft nur noch kleine materielle, dafür aber umso grössere preisliche Unterschiede. Weil sie fast allesamt in den gleichen Produktionsstätten genäht werden – die «richtigen» Luxusmarken natürlich ausgenommen.

Luxuslabels erkennt man daran, dass sie sich kaum je als solche bezeichnen. Man kann sie weltweit an zwei Händen abzählen. Sie pflegen Tradition, Handwerk und Fertigungsqualität nicht, um damit Marketing zu betreiben, sondern als eine Art kultureller Verpflichtung. Ihr Stil ändert sich über die Jahre kaum. Sie werben nie oder nur unfreiwillig mit prominenten Kunden und verkaufen ihre Waren praktisch ausschliesslich über eigene Geschäfte.

Designerlabels investieren viel Geld in prominente Standorte, in Eindruck heischende Anzeigenkampagnen und in prominente «Markenbotschafter». Sie beschäftigen mehr oder minder prominente Entwerfer, die selbst oft als Stars auftreten, und leben von medialer Aufmerksamkeit. Designerlabels verkaufen eine Mode «à la minute», die oft radikal wechselt und ihre Kunden zwingt, jede Saison wieder tief in die Taschen zu greifen, um mit dem «neuesten Look» mitzuhalten. Die angebotene Qualität ist meistens ordentlich bis gut, die Preise haben jedoch oft trotzdem keinen vernünftigen Bezug mehr zum effektiven Warenwert. Designerlabels verkaufen ihre Ware meistens über Boutiquen, oft aber auch über eigene Flagship-Stores.

Premium-Brands sind grosse, internationale Markenanbieter, die eine in grossen Stückzahlen gefertigte Konfektion mit Designanspruch verkaufen. Sie imitieren das Geschäftsgebaren von Luxusmarken oder Designerlabels, versuchen gleichzeitig jedoch, deutlich erschwinglichere Mode anzubieten. Ihre Geschäfte finden sich meistens in unmittelbarer Nähe der Designerboutiquen – ihre Anzeigen kommen in den meisten Magazinen erst nach den sogenannt «grossen Marken». Parallel zu den eigenen Geschäften bekommt man die Premium-Brands auch in besseren Warenhäusern und bei Fachhändlern.

Highstreet-Marken operieren mit Massenartikeln. Sie verkaufen ihre in grossen Stückzahlen produzierten Kollektionen meistens über selbst betriebene Geschäfte, um den Zwischenhandel auszuschalten und so die Preise möglichst tief zu halten. Ihre Qualität ist oft nicht überragend, angesichts der Preise aber meist doch redlich. Die meisten dieser Marken kontrollieren inzwischen auch eigene Produktionsketten, um möglichst schnell und kostengünstig auf aktuelle Modeströmungen reagieren zu können.

Kaufhausmode dient der Bedarfsdeckung von modisch wenig anspruchsvollen Kundenschichten und imitiert mit erfundenen «Markennamen» die Kreationen der grösseren Genres. Ihre Preise sind attraktiv und die gebotene Qualität aufgrund langjähriger Beziehungen, strenger Ansprüche und grosser Stückzahlen überraschend gut.

«Alle lieben das Schöne. Wenige leisten es sich.» – Georges B. Clemenceau

Farben

Vorweg dies: Es gibt zahllose «Systeme» und Methoden, nach denen Farb- und Stil-Berater ihre Kundschaft taxieren und klassieren. Sie teilen ein in warme oder kalte, in Winter- oder Sommertypen – mit der Folge, dass Sie für den Rest des Lebens eine fixe Idee mit sich herumtragen, was Ihnen nicht steht. Das ist manchmal kontraproduktiv, weil man sich ja nicht nur im Verlaufe eines Lebens, sondern sogar im Laufe eines Jahres teilweise deutlich verändert – so passen zu einem sommerlich gebräunten Teint gewisse Farben besser als zu winterlicher Blässe. Schon Christian Dior wusste: «Nichts in der Natur ist je statisch.»

Viel wichtiger als die Frage, welchem Farbtypus man Sie aufgrund Ihrer Haut- oder Haarfarbe zuteilen soll, ist die grundsätzliche Auseinandersetzung mit Stil, Angemessenheit, Qualität und Passform von Kleidung.

Frauen mit einer gewissen Stilsicherheit kennen «ihre» Farben und komponieren ihre Garderobe in einer gewissen Palette. Praktisch ist es etwa, sich ein System mit zwei «Farbschienen» zurechtzulegen, die idealerweise für sich allein, aber auch untereinander funktionieren – das kann eine neutrale Palette sein (etwa Schwarz, Weiss und Grau) sowie eine «buntere» Schiene (etwa Camel, Braun und Gold). Es müssen auch nicht genau diese Farben sein. Aber: Ein solches System ermöglicht es, ein bestehendes Outfit je nach Saison mit aktuellen Farben aufzufrischen.

Wichtig ist nur eines – wie immer im Leben: Entscheiden Sie sich für etwas! Und bleiben Sie eine Weile bei diesem System.

In der Garderobe muss unterschieden werden zwischen eindeutigen, also leuchtenden Primärfarben und sanften abgestimmten Zwischentönen, den sogenannten «Neutrals». Neutrale Farben eignen sich bestens für die Basisgarderobe und können gut in verschiedenen Schattierungen miteinander kombiniert werden. Dabei ist allenfalls auf genügend Kontrast zu Haut- und Haarfarbe zu achten. Primärfarben sollen dagegen Akzente setzen und werden am besten nur einzeln verwendet.

Das sind die wichtigsten Primärfarben und ihre eindeutigen Konnotationen:

Rot ist eine starke, expressive Farbe und muss daher bewusst und mit Augenmass eingesetzt werden. Sie ist die sichtbarste aller Farben und zieht automatisch Blicke auf sich. Rot wird mit Erotik und Sinnlichkeit in Verbindung gebracht und signalisiert Leidenschaft, aber manchmal auch Aggression. In Kombination mit anderen Rottönen wird grellem Rot die absolute Härte genommen.

Gelb wirkt positiv, fröhlich und frohgemut, zieht aber genauso wie Rot stark die Blicke auf sich. Gelb ist frisch und eher sommerlich, kann aber auch in einem dunklen herbstlichen Outfit oder in Kombination mit Grün für einen sympathischen Effekt sorgen. Wer eine helle Haut hat, der wählt die helleren Gelbtöne, um nicht unnötig blass zu wirken.

Orange ist eine absolute Signalfarbe und zieht unweigerlich Blicke und Kommentare auf sich. Es signalisiert Wärme, Energie und Aktivität. Abgestimmt in einen Komplex aus Rot und Gelb, mag es eine «versöhnende» Funktion haben und moderierend wirken.

Grün ist eine frische und beruhigende Farbe, die für Natürlichkeit, Fruchtbarkeit und Gesundheit steht. Dass Grün Unglück bringe, ist Unsinn – schliesslich wurde früher sogar in Grün geheiratet. Grün schmeichelt dem Auge und signalisiert in dunkleren Schattierungen Wohlstand und Macht.

Blau ist eine der unverzichtbaren Basisfarben der Mode – als dunkles Marine klassisch und Verkörperung von Understatement, als grelleres Elektrisch-Blau provokativ und jugendlich. Marine kann es als einzige Farbe mit der universellen Qualität von Schwarz aufnehmen. Die meisten Menschen haben bei Blau positive Empfindungen: Die Farbe wird mit Hoffnung, Treue, Loyalität und Zuversicht assoziiert. Blau stimuliert im Menschen ein Gefühl der Ruhe. Achtung: Von allen Farben verändert sich Blau bei Betrachtung unter elektrischem Licht am meisten.

Pink ist eine feminine, elektrisierende Farbe, die im Normalfall ausgesprochen jugendlich wirkt (ausser bei Barbara Cartland). Pink wirkt romantisch und unschuldig, Girlie-like und fröhlich – die Farbe kann einen aber auch unfreiwillig blass aussehen lassen.

Violett ist eine Farbe, die in der Natur kaum je vorkommt, was ihr automatisch eine Aura des Besonderen und Exklusiven verleiht. Violett wird mit Luxus und Königshäusern assoziiert und signalisiert eine tiefgründige Sinnlichkeit. Allerdings kann diese Farbe im ungünstigen Fall auch recht «alt» wirken.

Weiss verbindet sich als neutrale Basisfarbe problemlos mit den meisten anderen Tönen und sorgt für Frische in der Garderobe. Weiss wird meistens in der sommerlichen Garderobe stärker verwendet als im Herbst und Winter. Achten Sie darauf, nicht zu viel Weiss aufs Mal zu tragen – ausser natürlich, Sie sind die Braut. Und halten Sie das Weiss auch wirklich weiss: «Greige», also ein vergrautes Beige, ist auch bei sehr optimistischer Betrachtung kein Weiss mehr.

Schwarz, streng genommen keine Farbe, ist eine der wichtigsten Nuancen für Bekleidung – es sieht immer elegant aus und kommt nicht so leicht aus der Mode. Die alten Vorurteile, wonach Schwarz vor allem eine Trauerfarbe sei, sind überholt. Schwarz ist mysteriös und elegant. Wer nicht die perfekten Beine hat, trägt bevorzugt schwarze Hosen weil sie das Bein optisch verschmälern und verlängern.

Ein wichtiger Tipp: Meistens gibt die Augenfarbe eines Menschen zuverlässigen Aufschluss über die Farben, die ihm besser als andere stehen. So ist eine Frau mit strahlend blauen Augen mit ebendieser frischen Farbe im Outfit auch gut bedient.

«Die Moden wechseln, doch der Stil bleibt.» – *Yves Saint Laurent*

Kleine Tricks für kleine Abweichungen

Wenn Sie sich und Ihren Körper nicht ändern können oder wollen, akzeptieren Sie Ihre Formen und bedenken Sie, dass Ihre Kleidung in erster Linie sitzen muss. Finden Sie einen Hersteller oder Händler, der Ihren Look in den richtigen Grössen hat.

Je grösser die Kleidergrösse, umso mehr Stoff sieht man und umso wichtiger wird die Qualität und der Fall des Stoffs. Anders gesagt: Supermodels könnten einen Kartoffelsack tragen, Frauen mit stärkeren Kurven sollten das eher nicht tun.

Kleine Oberweite: Finden Sie Ihren Busen zu klein? Dann entscheiden Sie sich für relativ hochgeschlossene Oberteile und kombinieren diese mit schönen Ketten oder Halstüchern. Bis zu einem gewissen Grad ist eine flache Brust auch mit entsprechend gepolsterter Unterwäsche «optimierbar».

Grosse Oberweite: Bei einem grossen Busen eignet sich ein schlichtes Oberteil, am besten mit einem V-Ausschnitt, der – anders als eine runde Form – das Dekolleté optisch verkleinert. Kleine Muster sind in diesem Falle auch vorteilhafter als grosse Sujets oder Prints.

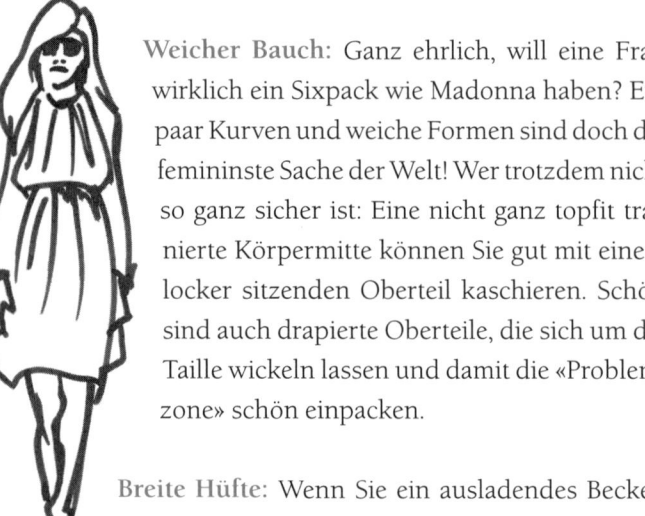

Weicher Bauch: Ganz ehrlich, will eine Frau wirklich ein Sixpack wie Madonna haben? Ein paar Kurven und weiche Formen sind doch die femininste Sache der Welt! Wer trotzdem nicht so ganz sicher ist: Eine nicht ganz topfit trainierte Körpermitte können Sie gut mit einem locker sitzenden Oberteil kaschieren. Schön sind auch drapierte Oberteile, die sich um die Taille wickeln lassen und damit die «Problemzone» schön einpacken.

Breite Hüfte: Wenn Sie ein ausladendes Becken haben, freuen Sie sich erst einmal – die meisten Männer mögen das lieber als knabenhafte Hüften. Aber achten Sie darauf, nicht unnötig Volumen draufzupacken: Rüschen oder Volants sollten zum Beispiel erst unterhalb der Hüfte beginnen. Lassen Sie die Breite der Hüfte von interessanten Volumen umspielen.

Zierliche Proportionen: Kleine Frauen (Amerikaner nenne sie gerne «petites») tragen mit Vorteil Röcke, die nicht weiter als bis zum Knie reichen. Grosse Muster lassen kleine Frauen zusätzlich fragiler wirken. Einfarbige Outfits mit dunkler Basis strecken die Figur optisch.

«Heben Sie interessante Details und Farben für oberhalb der Taille auf – man wird zuerst auf Ihr Gesicht schauen, nicht auf Ihre Hüften.» – Eleanor Lambert, Autorin und Erfinderin der «Best-Dressed List»

Fettnäpfchen und
Fauxpas

Es gibt auch in der multioptionalen, freien Welt der modernen Mode noch immer Dinge, die einfach nicht gehen, weil sie schlicht falsch sind oder gegen gewisse minimale Anstandsregeln verstossen.

Zu eng: Der häufigste, aber auch vermeidbarste Stilfehler ist es, Kleider zu tragen, die den Körper übertrieben eingeschnürt wirken lassen. Diesem Verhalten liegt meist ein schwerer Trugschluss zugrunde: Seine Kleidung zwei Nummern kleiner als benötigt zu kaufen, lässt einen nicht jünger und schlanker, sondern im Gegenteil dicker aussehen. Wenn etwas nicht passt, nützt es nichts, sich hineinzuzwängen. Das Etikett mit der Grössenangabe sieht ja niemand ausser Sie selbst. Ausserdem verschenkt man sich mit zu engen Kleidern das gute Gefühl, in seiner Garderobe auch auf angenehme Weise «zu Hause» zu sein. Das sorgt unterschwellig für Stress und Missbehagen. Besondere Vorsicht ist bei Hosen geboten: Die «Kamelzehe» im Schritt ist eines der schlimmsten Modephänomene des Stretch-Zeitalters.

Zu kurz: Es ist leider noch immer so, dass gewisse Rocklängen ab einem gewissen Alter nicht mehr adäquat sind. Das hat aber tatsächlich weniger mit dem Alter als dem physischen Zustand zu tun. Also: Ist das Gewebe am Oberschenkel nicht mehr absolut straff, hält man es besser bedeckt. Und sind die Knie nicht mehr die schönsten, trägt man besser eine entsprechende, die Knie bedeckende Länge oder wenigstens blickdichte Strümpfe. Merke: Ein exponiertes Bein ist nicht zwingend sexy – oft kann sogar das Gegenteil der Fall sein. Geschickt verhüllen ist spannender als plumpe Zurschaustellung nackter Tatsachen.

Zu blass: Der unvorteilhafteste Effekt von Farben kann sein, dass sie einem nicht stehen und mutlos oder gar kränklich aussehen lassen. Wer sich aus falscher Zurückhaltung nur immer in unauffällige Neutralfarben kleidet, läuft Gefahr, eines Tages als graue Maus übersehen zu werden.

Zu grell: Es mag kurzfristig positiven hormonellen Einfluss haben, sich die «neueste Modefarbe» anzuziehen oder in einem pinkfarbenen Kostüm aus dem Haus zu gehen. Auf Dauer aber ermüdet das Tragen von grossflächigen starken Farben auch das toleranteste Auge. In dieses Kapitel gehört auch zu opulent aufgetragene Schminke: Tagsüber genügt ein dezentes Make-up, damit abends die Smoky Eyes umso dramatischer zur Geltung kommen.

Branded: Es gibt leider einen Haufen anstandsloser Hersteller, die glauben, ihre Markenzeichen auf alle ihre Produkte drucken oder stempeln zu müssen. Sie missbrauchen ihre Kunden so als Träger ihres Markennamens – und verlangen dafür oft sogar noch Geld. Dabei müsste man dafür doch viel eher Geld bekommen?! Wer Stil und Geschmack hat, hält sich von jeder Form des «Brandings» fern. Der quer über die Brust gestickte Schriftzug eines italienischen Designerlabels sieht nicht cool oder exklusiv aus, sondern banal und gedankenlos. Dasselbe betrifft Beschriftungen von Gürteln oder Taschen. Ausnahmen sind einige ganz wenige Qualitätshersteller, die traditionelle Muster mit ihren Initialen entwickelt haben.

Sichtbare Unterwäsche: Es gibt Dinge, die gehören einfach drunter, nicht drüber – Wäsche ist sicherlich so ein Thema. Wer seinen Slip absichtlich über den Bund der tief geschnittenen Hüfthose hochzieht, hat keinen Geschmack oder keinen Spiegel. Dasselbe gilt für BHs, die überdeutlich unter Blusen oder Shirts hervortreten oder die man durch die Kleidung sehen kann.

Ungepflegte Schuhe: Das teuerste Outfit und die exklusivste Handtasche sind wertlos, wenn man dazu nachlässig gepflegtes, abgelatschtes oder kaputtes Schuhwerk trägt.

Fingernägel: Aufgeklebte Kunstkrallen aus Vinyl, die mehr als vier Millimeter über die Fingerkuppe hinausstehen, sind nichts für Frauen mit Stil. Es sei denn, man arbeitet in der nicht ganz jugendfreien «Erwachsenenfilmindustrie», wo diese Art von Fingerschmuck zur Standardausrüstung gehört.

Abgesplitterter Nagellack: Lackierte Fingernägel sind eine feine Sache, solange sie gepflegt sind – bringt man aber die Mühe nicht auf, sie auch in Schuss zu halten, ist man besser mit einem neutralen Lack oder «Natur pur» beraten.

Schweissflecken: Ja, auch Frauen arbeiten heute hart, mitunter schwerer als die verweichlichten metrosexuellen Männer. Aber es geht noch immer nicht, dass sich dieser schwere körperliche Einsatz in Form von Schwitzrändern in der Kleidung zeigt. Ab in die Reinigung damit!

«Nur oberflächliche Leute urteilen nicht nach dem äusseren Anschein.» – Oscar Wilde

Die wichtigsten
Dresscodes

Dass die üblichen gesellschaftlichen Dresscodes sich in ihrer Formulierung vorwiegend an den Mann richten, hat nichts mit der Diskriminierung der Frau zu tun, sondern ganz einfach mit der Tatsache, dass Männer von modischen Ratschlägen viel eher überfordert sind als Frauen. Man verzeihe also, wenn in diesem Kapitel ausnahmsweise auch Empfehlungen für den Herrn enthalten sind – aber immerhin geht man zu gesellschaftlichen Verpflichtungen ja oft als Paar.

White Tie ist die Königsklasse des Abendanzugs und bedeutet für den Mann, dass er einen Frack mit Schössen zu einer dunklen Hose mit doppelten Satinstreifen und Lack-Pumps trägt. Darunter gehört ein Hemd mit Vatermörderkragen, Doppelmanschette und verdeckter Knopfleiste, eine weisse, selbst gebundene Pikee-Fliege und eine weisse Weste. Die Dame begleitet den solcherart gewandeten Herrn in grosser, bodenlanger Abendrobe, niemals aber in Hosen oder Kostüm. Schöner Echtschmuck kommt hier am besten zur Geltung. Zum Abendkleid gehören hohe, offene Schuhe und eine kleine Abendtasche. Eine hochgesteckte Frisur lässt diese Garderobe am besten zur Geltung kommen.

Black Tie heisst für ihn Smoking, immer mit schwarzer Fliege, nicht etwa mit Krawatte. Zum Smoking trägt der Mann schwarze, geschnürte Lackschuhe. Dazu kommt ein Hemd mit Umlegekragen, verdeckter Knopfleiste und Doppelmanschetten sowie eine selbst gebundene schwarze Fliege. Bunte Fliegen sind nicht angemessen. Der Kummerbund ersetzt den Gürtel. Die Dame trägt bei dieser Gelegenheit ein langes, nicht zu ausladendes Abendkleid und formidablen Schmuck. Alternativ dazu kann auch ein eleganter, fliessender Hosenanzug mit hohen Schuhen getragen werden. Die Haare können wahlweise offen bleiben oder auch hochgesteckt werden.

Morning-Coat steht für den klassischen englischen Hochzeitsanzug des Mannes, bestehend aus einem im Rücken länger geschnittenen Cutaway, gestreifter Hose, cremefarbener Weste und Plastron. Damen erscheinen zu Hochzeiten vorzugsweise im kniekurzen oder langen Kleid oder Kostüm, aber niemals in Weiss oder ganz in Schwarz. Die Schuhe sollten Absätze haben, es sei denn, es gäbe orthopädische Gründe, die dagegen sprechen. Ein Hut kann eine schöne Ergänzung dieses festlichen Tages-Outfits sein.

Tenue de ville erfordert für ihn den dunklen Stadtanzug, den man auch im Büro tragen könnte. Dazu trägt man eine dunkle Krawatte und relativ schlichte Schnürschuhe mit

Ledersohle. Dieser Dresscode wird auch «Cocktail», «Cravate noire» oder «Business-Attire» genannt. Achtung: Bei Abendeinladungen bedeutet «Formal» sogar Smoking, also Black Tie. Damen entscheiden sich bei dieser Codierung fürs kurze Cocktailkleid (das kleine Schwarze) oder für eine elegante, nicht zu alltägliche Kostümkombination. Es können Pumps oder flache Ballerinas getragen werden.

Smart Casual heisst für den Herrn, wenn möglich bei Hemd und Veston zu bleiben, jedoch ohne Krawatte. Ein ganzer Anzug mit Schlips wäre zu bemüht, besser ist eine Kombination aus Veston und Hose oder allenfalls ein legerer Freizeitanzug. Für Frauen bedeutet dieser Code, sich entspannt und bequem, aber nach Möglichkeit doch mit einem gewissen «urbanen Schmiss» anzuziehen. Ein Kaschmirpullover oder Twinset sorgt für die relaxte Note. Flachen Schuhen ist der Vorzug zu geben, Pumps wirken in diesem Fall zu feierlich.

Casual steht für ein ungezwungenes Outfit, aber nicht für Sport- oder Strandbekleidung. Stilvoll sind Baumwollhosen, Jeans, ein verspielter Rock, Poloshirts oder Blazer.

Come as you are klingt ungezwungen, doch es bedeutet nicht, dass man auch in Flipflops und Shorts aufkreuzen darf. Man erscheint meistens so zum Anlass, wie man das Büro nach Arbeitsschluss verlassen hat: korrekt angezogen, in einem Kostüm oder einer Kombination von Blazerjacke und Hose. Flache Schuhe wirken entspannter.

Tipp:

Menschen mit gesundem Stilempfinden lassen sich in der Wahl ihrer Garderobe von der Tageszeit lenken. Ein Termin am Morgen oder Nachmittag verlangt nach anderer Kleidung als ein Drink oder Cocktail ab 18 Uhr. Abendveranstaltungen werden immer eleganter interpretiert. Wer unsicher ist, zieht sich stets besser ein wenig eleganter an, als man erwarten dürfte.